高清日本古代史

樱雪丸 著

②

图书在版编目(CIP)数据

高清日本古代史.2/樱雪丸著.— 重庆:重庆出版社,
2019.12
ISBN 978-7-229-14494-4

Ⅰ.①高… Ⅱ.①樱… Ⅲ.①日本—古代史—通俗读物
Ⅳ.①K313.2-49

中国版本图书馆CIP数据核字(2019)第223997号

高清日本古代史2
GAOQING RIBEN GUDAISHI 2
樱雪丸　著

丛书策划:李　子　李　梅
责任编辑:李　梅　李　子
责任校对:刘　艳
封面设计:九一设计

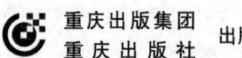出版

重庆市南岸区南滨路162号1幢　邮政编码:400061　http://www.cqph.com
重庆市国丰印务有限责任公司印刷
重庆出版集团图书发行有限公司发行
E-MAIL:fxchu@cqph.com　邮购电话:023-61520646
全国新华书店经销

开本:710mm×1000mm　1/16　印张:12.75　字数:240千
2020年4月第1版　2020年4月第1次印刷
ISBN 978-7-229-14494-4
定价:42.00元

如有印装质量问题,请向本集团图书发行有限公司调换:023-61520678

版权所有　侵权必究

第一章	日本天皇	001
第二章	吉备真备	019
第三章	阿倍仲麻吕	046
第四章	鉴真	056
第五章	桓武天皇	068
第六章	菅原道真	078
第七章	藤原时平	092
第八章	藤原忠平	110
第九章	平将门	128
第十章	藤原氏	152
第十一章	平清盛	164
第十二章	源赖朝	180
第十三章	源义经	189

第一章　日本天皇

·遣唐使

白村江惨败之后，倭国上下明白了一个真理：大唐是bug①。

所以就甭多想了，接着跟人屁股后面学吧。

至于怎么个学法，我相信很多人会脱口而出三个字：遣唐使。

遣唐使，广义上来讲就是日本派去大唐出访的使者，这些使者一般按照职责分成三种人。第一种是正儿八经的外交官，去搞外交促友好的，尤其是在白村江战败后，倭国方面四年内连派三批使者过去，为的就是搞好关系，请求大唐不要出兵列岛。

四年三批，以当时的航海技术来讲，这个频率堪称高得惊人。

第二种就是我们常说的留学生，说起来这三个字还是人家日本人发明的，他们派过来之后往往会留在长安学习中华文化和先进科技，然后或学成回家报效祖国，或留在大唐继续发展，或没学成但仍回家吃香喝辣。

第三种是干什么的我们在此暂且不说，放到后面再讲。这里先来讲一讲一些关于遣唐使的基本情况。

首先来说一说路线。

当年遣唐使从倭国出发到长安，一般有三条路可走，分别是北路、南路

---

①bug是一个英文单词，本意是臭虫、缺陷、损坏、窃听器等。现在将电脑系统或程序中隐藏的一些未被发现的缺陷或问题统称为bug（漏洞），后引申为形容某事物厉害得超乎想象。

以及南岛路。

北路，从难波出发，一路坐船至九州岛北边的海面，再经对马海峡，沿着朝鲜半岛西海岸一路北上，最后在山东半岛的登州登陆，然后走着去长安。

这应该是一条具有悠久历史传统的航线，邪马台卑弥呼那会儿就是这么走的，只不过白村江之战后，朝鲜半岛南部被新罗给占了，倭新两国正不对付着，也就不太方便从人家门口过了，于是只能另辟捷径，这就有了南路。

南路的前半段和北路一样，从难波坐船到九州北面，然后不往北了，而是一直向西，横渡大海之后在苏州或是宁波靠岸，再走陆路去长安。

当然，我们知道，在那个时代漂洋过海是具有很大风险的，而且当时日本用的船是平底船，经不起大风浪，很容易出事，一般来讲遣唐使能够全须全尾平平安安地从难波抵达苏州宁波或是登州的概率在百分之八十以下，除了一阵风浪过后集体"姓沉名到底"之外，更多的时候则是会被狂风刮得偏离原来的航路，比方从九州北部被吹到了九州南部。

然后就有了南岛路。

和之前的北路、南路不同，南岛路并非固定航线，甚至到底有没有目前也不敢确凿地判断，只是从当年记载的只字片语中我们可以知道，每当海面上刮起大风把遣唐船刮到九州南部时，开船的便会顺坡就驴一直南下，沿鹿儿岛、冲绳群岛后朝西北进发，最后在苏州或是宁波登陆。

对了，虽然我一直在念叨苏州、宁波、登州这三个地方，但实际上在那个还没罗盘的时代，遣唐使们的登陆地点基本是不可能被百分百确定的，往往是靠哪儿算哪儿，上了岸之后再联系当地县府州郡，递上通关文牒后再在他们的安排下前往长安。总之这是一段充满了不确定性的旅程，七武海①不是那么好做的。

说完了航路，再来简单说说遣唐使的日常。

在抵达长安之后，第一类遣唐人员，也就是正儿八经的外交官们，他们在安顿好一切后要做的第一件正经事是去皇宫报道，告诉皇帝，我们来了，

---

① 七武海指的是日本动漫《航海王》（ONE PIECE）里的一个团体，全称"王下七武海"，是公认的七位大海贼，拥有灾难性的破坏力量和巨大战力。

然后奉上信物，比如国书什么的，这个行为专业名词叫作礼见，通常的地点在大明宫宣政殿，而皇帝一般也是不会出面的，都是交给大唐负责外交的官员来接待。走完这个程序大概数日之后，皇帝便会下诏，说是想亲眼见见这批从日本来的客人，于是大家赶紧沐浴更衣熏香一番之后进了皇宫，拜见天子龙颜，这个叫作对见。

对见一般被安排在内朝，也就是皇上处理政务和休息的地方，皇帝通常会问问遣唐使们日本国内的一些情况，比如收成好不好啊，人民幸福不幸福啊，同时也会做一些实质性的指示，像赏赐一点东西，或是让人给留学生们送点礼物，等等。

通常来说遣唐使中的外交人员在历经礼见和对见两关之后，任务便算完成了，可以先回住的地方歇着去了。

遣唐使的住所叫作外宅，外宅所在的周边一块，是禁止唐朝居民进来的，同时也不让外交人员出去。这主要是为了双方的安全考虑：首先是为了大唐的安全，怎么说你也是一外国人，让你到处走来走去随便看，那岂不是连隐私都没了？其次则是为了遣唐使本身的安全着想，毕竟你初来乍到，对长安又不特别熟，汉语也没到炉火纯青的程度，这要让你到处乱跑万一走丢了怎么办？再被坏人抓去当外国奴卖黑砖窑里头算谁的？

不过虽然上述的确是当时规定的律法，但实际操作起来往往会有例外，毕竟那个年代的各种警备技术还落后得很，而且中国人本身的性格就是来者是客，既然是客当然不会真把你当贼防着，所以诸遣唐使们还是有不少机会可以零距离接触长安百姓，切身体验大唐社会的，同时还可以去集市逛逛，买一些好玩的好看的珍奇异宝回国。

外交任务完成之后，就该回国了。这是一件让遣唐使们非常不情愿的事情，从历史记载上来看，除了安史之乱以及晚唐等动荡时期，大多数遣唐使都希望自己能够长期住在长安，如果一定要给一个期限的话，那最好是一万年。

不过这显然不可能，就算唐朝答应了倭国也不会答应。于是万般无奈之下，大家只能收拾好行李，登上回国的船，临走之前，还要再见一次唐朝皇帝，请求准许放行，这叫辞见。而唐朝皇帝除了准行之外，往往还要好言告别几句，再给上国书一封，以增进两国友好，有时候还会指派一名唐朝的官员跟着一块儿去倭国回访，这叫送使。

能够长期以遣唐使身份留在长安并且也不用住在外宅那么不方便的地方的，有且只有一种人，那便是第二类遣唐使：留学生。

比起外交官，留学生要比较自由，但作为代价，他们的生活将非常痛苦。

在唐朝，留学生一般学习的场所是传说中的最高学府国子监，国子监里一般有六个学院，分别是四门学、太学、国子学、律学、书学和算学。

前三个学院是读正儿八经的圣贤书的，后面三个是培养律法、书法和数学这三门专业人才的。

在圣贤书学院里，一般学生要参加旬考、月考、季考、年度考以及最后的毕业考。毕业考若能通过，则可以选择考科举或是升级，即四门学生升级成太学生，太学生升级成国子学生，但每一学平均下来最多读三年，三个学院最多读九年，九年读完你要么选择考科举要么就去抱孩子，不可能一辈子赖在那里头的。

不过话又得说回来，国子监的圣贤书学院一般招的都是官僚子弟，等级最低的四门学生也必须得是七品以上家庭出身，而且在正式科举考中，主考官也会有意偏取国子监的学生，所以唐朝前期的进士多是圣贤书学院里头出来的。

作为对外国人的优待，无论是哪里来的留学生，只要进了国子监，那么都可以直接从第二级的太学开始念起。

当然，之前得通过鸿胪寺、礼部以及国子监本身这几个部门的考试，考试内容是汉学基础、口语对答，虽然在中原读书人眼里这都是小儿科，但对于外国人而言，那就很难了。

曾经新罗有过一批两百多人的留学生团体来报考太学，最后录取了十个都不到。

日本虽然还没有如此巨大的落榜率，但说实话也够呛。

不过，平心而论的话，其实还是落榜更好一些。

那些也不知道该说是幸运还是不幸地通过考试而入了太学的日本留学生

们，在开学的第一天就发现自己身处的并不是什么最高学府，而是地狱。

大唐的太学生所习经典分为大中小三种，留学生亦是如此——大经《礼记》和《左传》；中经《诗经》《周礼》和《仪礼》；小经《易经》《尚书》《公羊传》以及《谷梁传》。

还有必修的科目两部：《孝经》跟《论语》。

除了必修之外，大中小三经可以选修，或二经（一大一小或两中），或三经（大中小各一），或五经（《诗经》《易经》《尚书》+全部的大经）。

你不要看着就这几部书以为挺简单的，当时国子监里的唐朝学生也是读的这些，科举考的还是这些，要知道那些个从日本新罗越南爪哇来的留学生，在汉语基础几乎为零的条件下，却要和五岁启蒙七岁读圣贤的官宦子弟同堂学同一种教材，其难度可想而知。

而且每部经典都有修学期限，超过时间没念完的，就请你回国。

听起来是不是很残酷？

所以很多日本孩子只能咬紧牙关头悬梁锥刺股地三九三伏闻鸡起舞，支撑他们的，其实并非是学成之后出人头地之类的想法，而是一种一定要用在大唐所学到的知识把日本打造得不输给大唐的信念。

虽然，他们在夜深人静的某个时候，也会偷偷地朝着日本列岛的方向望两眼，然后暗自羡慕一下那些已经先行回国的同期生们。

这是因为那些在最开始考试就落榜的以及受不了念书之苦中途而废的同学们，在回到了倭国之后仍然可以以大唐海归精英自居，照样浑身一层镀金亮闪闪地坐享荣华富贵，混他个风生水起。

礼乐传来启我民，当年最重入唐人。

最后，再来讲一讲遣唐使的人员配置。

遣唐使基本实行的是四船一团制度，就是四艘船组成一个船队，组成一个使节团。通常每条船上装一百人，最大的叫大使，比大使低一个档次的叫副使，这两个职务掌管全团事宜，而且天皇或是大王在临行前会赐予大使宝刀一把，叫作节刀，就是尚方宝剑，谁敢在船上撒野直接剁了丢下海去喂鱼。

此外，如果天皇或大王本身有非常要紧的事情想跟唐朝皇帝沟通而又觉得大使看起来不靠谱的时候，往往会在使节团里再安插一名钦差，叫押使，就是天皇代言人，属老太爷级别的，地位比大使还高，系全团最大。

押使、大使和副使，都是外交人员，而且一般也都能在长安见到皇帝，同时根据我国的一贯传统，皇上也会给他们封官，往往押使和大使能得个三品，副使则略低一些。

话再说回船上，副使之下，还有判官、录事、知乘船事（船长）、译语生、主神、阴阳师、医师等，当然还有留学生，除留学生外，其余的都是甘草（绿叶）角色，默默地各尽其能，只为确保全团人员平安到达长安。

遣唐船上的苦力们大多是农民出身，作为回报，除了发放相应的报酬之外，还一律免去他们全家的三年课税。

遣唐使那些事儿说到这里就算告一段落了，我们接着来看倭国国内。

· 壬申之乱

天智称制七年（668年），七年守孝期满，天智天皇正式登上王位，成为了倭国的大王。

即位后，他发布了日本史上第一部古代法典《近江令》，从此，倭国正式成为了一个律令制国家，用中国话来讲就是变成了君主专制的中央集权国家。

不过非常可惜的是，《近江令》已经失传了，所以没有人知道里面具体写了些什么，但有一点可以肯定的就是，这是一部参考了中国隋唐两朝律法之后所炮制出来的山寨之作，但不管怎么样，这都是倭国社会的一大进步。

天智八年（669年）11月，中臣镰足病倒了。

当月13日，天智天皇亲自探访了已经没有可能再从病床上爬起来的镰足，在明知道他还只剩下最后一口气的情况下仍是鼓励他坚强起来战胜病魔。

中臣镰足摇了摇头，笑着说道："我这一辈子唯一不行的，就是军略。"

虽说几乎没怎么参与，但其实他很在意白村江那一战，真的很在意。

次日，中臣镰足与世长辞，享年55岁。

临死前一天，天智天皇给他赐姓藤原。

不错，这位中臣镰足就是后来称霸日本朝廷一千多年的藤原家族的祖先。

藤原镰足走后没几年，天智天皇也不行了，天智十年十二月三日（672年1月7日），哥们儿驾崩，享年46岁。

正所谓出来混总归是要还的，天智天皇的王位是怎么来的大家伙儿都知道，就在他尸骨未寒的时候，报应就来了。

话说天智一朝的太子是天智天皇的儿子大友王子，同时天智天皇还有一个亲弟弟叫大海人王子。

天智驾崩后，大友王子登位，史称弘文天皇。

结果哥们儿坐上宝座才几个星期出头屁股都没焐热，他叔叔大海人就发难了。

就在天智天皇走的当月，大海人王子就联合各地豪族官员高举反旗，并亲率兵马杀向近江。大友王子虽然也有写信给九州以及关东的诸豪族们，但大家要么是找各种借口不肯来要么是想来却被大海人的同盟军们挡着过不去，总之是孤立无援。

所以大友王子理所当然地数战数败。当年7月23日，大友王子实在是败无可败退无可退了，只好举刀自裁，年仅24岁。

因为这一年是壬申年，故而史称壬申之乱。

之后，大海人王子登基大位，称天武天皇，然后迁都飞鸟，近江朝廷就这么灭了。

此外，关于大海人王子造反的理由除了私欲膨胀想当皇上之类冠冕堂皇的说法之外，最主要的是因为白村江之战的惨败。

前面说了，白村江后天智天皇又拉壮丁又修城墙，以防大唐入侵，这些行为都是要花钱的，而且得花大量的钱。这钱中央当然不会拿出来，都摊派给了地方，于是地方的诸长官以及豪族们当然就心怀不爽，所以当大海人王子揭竿而起的时候，大家伙儿一呼百应地墙倒众人推，就是这个道理。

天武天皇即位后，自比汉高祖刘邦，一腔的雄心壮志。

他上台后干的第一件事是废大臣。不是具体废哪个臣子，而是把原先辅佐大王的高官全部罢免，自己一个人独揽了政务、兵务和法务三权，实在是忙不过来得找人帮衬了，也都找的是皇族——当时倭国的冠阶已经升到了26阶，天武天皇规定，最上面的5阶，只许由皇族担任。

请你务必记住这个时代，因为这是日本古代天皇专制政治的顶点，最主要的是它还是昙花一现的顶点，以后就再也看不到了。

外交方面，此时的倭国已经熬过了白村江惨败后最难过的日子，而且又恰逢唐朝和新罗这对好基友为了朝鲜半岛的统治权而翻了脸，而翻脸的同时双方又一起想到了要来拉拢一下倭国，就这样，飞鸟在同一个春天里迎来了两批使者，各自都带着满满的友爱。

天武天皇以非常低的姿态亲自接见了新罗使者，并且还派了使者回访，以增进两国往来。

对于唐朝使者，他当然也很客气，只不过客气完后，就没有然后了。

天武天皇并未派出回访的遣唐使，不仅当时没派，在他整个执政生涯里，都没有向长安派出过一批遣唐使。

这是试探。

至于试探什么，我待会儿会告诉你的。

虽然和新罗交好，但该捞好处的时候也不能手软。

天武一朝曾经大肆从朝鲜半岛挖墙脚，也就是拉人过来移民，并且给予相当优厚的待遇。天武元年（672年），天武天皇就承诺，但凡从半岛来的移民，免除课税10年。

这个政令确实被很好地贯彻执行了，而且在10年期到后，天武天皇又表示，从朝鲜半岛来的移民中，小孩子的课税一律不收。

天武十年（681年），天武天皇急召全国专家，说是要修撰律令。

律，即刑法；令，是民法行政法诉讼法的合体。律令，说白了就是国家的根本大法。

修根本大法是要花很长时间的，天武十五年（686年），天武天皇病重去世的那会儿，那本法都还没修出来。

第一章　日本天皇

·可怜天下父母心

天武天皇临死前，把江山社稷托付给了他老婆鸬野赞良皇女，就是后来的持统天皇。

当年10月1日，天武驾崩，持统称制，改年号朱鸟。

这是日本历史上所有女帝里头最为持家的一个，至少在我看来是这样的。

其实她一开始完全没有要登大位的意思，所以尽管改了年号理了政务，却一直不曾真正地登基，而是采取了称制法。这是因为在女王的心中，王位只属于一个人，那便是她和天武天皇的儿子——草壁王子。

只不过当时的草壁王子并不适合当大王，主要是因为他犯了众怒。

这人从小体弱多病，而且文才武略也不咋的。其实这都没什么，古今中外历史上比他更傻的人当国君的例子随便也能举出一大把，只是关键在于，他有个同父异母的弟弟，叫大津王子。

说起这个大津王子，那真是人见人爱，用史书上的话来讲，就是"状貌魁梧，器宇轩昂，自幼专攻文武两道，博览群书，力大擅剑，性格放荡不羁，不拘法度礼贤下士，敬慕者无数"。

跟大津一比，草壁真的就是一根草。

故而当时朝中的主流意见是，希望持统天皇立大津王子做太子，也就是下一任大王。

持统天皇当然不干，因为大津不是她亲生的。

只不过那会儿形势逼人，王室宗族们绝大多数都认为如果让大津王子担任太子将更有利于倭国的前途发展。

鉴于这种情况，无论是持统天皇还是草壁王子都认为应该来一手绝的。

当年10月2日，大津王子的好朋友，天智天皇的次子川岛王子向持统天皇告发说大津王子密谋造反，此言一出，女王便以最快的速度派人将大津王子逮捕，第二天就命他自尽，在此期间没有经过任何审问和盘查。

女王本来是想搞定了大津王子便直接传位给草壁王子，可事情显然并不是想象中的那么简单。

对于这种明眼人一看就知道是污蔑陷害的事件，诸王公们表现出了离奇的愤怒，更有甚者还找到了天武天皇的另一个儿子舍人亲王，说愿意扶他上位当大王，取代自己的哥哥。

这真的是被惹毛得失去理智了，要知道舍人亲王那年才10岁出头，不过孩子倒也机灵，谁来找他商量此事都找借口离开，不是要尿尿就是要吃零食，时间一长也只能作罢。

在这种形势下，持统天皇明白这大王的位子已然成了一个雷包，如果在此时把王位让给儿子，那就等于是让他成了众矢之的的扛雷英雄，前思后想之下，她决定继续称制，以大王的名义统领倭国天下。

说实话敢这么干的只有亲妈。

所以有时候看看天智天皇齐明天皇跟草壁王子持统天皇这两对母子，真的是感触良多。

两个儿子都是干了遭人恨的事情，需要找个给自己挡刀枪的盾牌，而最后站出来的，都是自己的亲妈。

貌似在人类漫漫历史长河中，每当大难临头了，往往只有母亲会义无反顾地站在儿子的身前做他的挡箭牌，而当儿子的，一旦出了事第一个想到的总是往妈身后躲。

儿行千里母担忧，母行千里儿不愁。

到了最后的最后还依然愿意不计后果守护你的，只有你的母亲。

可惜的是人算不如天算，持统称制三年（689年），多病的草壁王子还是没能斗过病魔，与世长辞了，年仅27岁。

持统天皇当然心如刀割，但她却并没有心灰意冷。同年，女王正式登基成为倭王，结束了称制时期，随后，立轻王子为太子。

此轻王子不是彼轻王子，而是草壁王子的儿子。

不过因为这时候他才不过6岁，所以国家大事自然还是女王一把抓。

持统十一年（697年），女王将王位传于14岁的轻王子，也就是后来的文武天皇，而自己则成为了日本历史上第一位太上天皇，仍然充当文武天皇的监护人。

公元701年，对马岛发现狗头金一块，不敢私藏，进献朝廷，文武天皇大喜，将当年改号为大宝。

注意一下，大宝之前，日本虽然已经创立了年号，但统共只有三个：大化、白雉和朱鸟。就是属于那种大王想到了给设一个没想到就不管它，而自大宝后，年号不再间断，一个没了另一个接着跟上，所以这等于是日本历史上的一个里程碑。

还有一个里程碑也在这一年被树了起来。当年8月，天武天皇到死都没修完的那部律令，终于完稿了，也就是历史上赫赫有名的《大宝律令》。

不过说实在的，这本堪称日本史上最早律令的《大宝律令》，其实基本是抄袭了大唐的《永徽律令》，有的地方甚至连标点都没改，还原度相当之高。

不过还是有两个时代性的突破之处。

第一是建立了新的官制。中央分二官八省一台；地方则分国郡里三级。

所谓二官八省一台，指的是神祇官、太政官，中务、式部、治部、民部、兵部、刑部、大藏、宫内八省以及弹正台。

神祇官就是一群拜神的，太政官则是一群帮助天皇处理政务的最高决策层人员，而弹正台相当于纪委，用于监督调查弹劾官员的违规行为。

虽然是山寨了隋唐三公六部制，但却被用了整整一千多年，直到明治维新之后才废除。

第二个就是用法典的形式确定了天皇这个称号。

长久以来，日本的国君都叫大王，那些个什么天皇什么天皇的名号都是后世追封的，这个我前面就说过，所以本书在之前也严格遵照历史，一律叫大王、王子和王女，但现在这个叫法要改了，因为在《大宝律令》中有明确的规定，日本的国君称天皇，或是天子。

不过由于现存的《大宝律令》残卷中并没有找到这条记载，故而很多人都认为日本国君称天皇的规定是从完成于天平宝字元年（757年）的《养老律令》开始的。

应该讲这是一个误会，尽管从现存的日本古典文献来看，那部《养老律令》确实是最早规定了天皇的称号，但这并不代表因为没有从《大宝律令》中找到这条记载就认为它没有规定。你得明白，作为一部拥有一千三百多年历史的法典，现存至今的《大宝律令》是残缺不全的，而将大王改称天皇的文字内容，应该就在失传了的这部分中。

这绝对不是我的臆想。首先，天皇称号在天武时代就有了，天武天皇在很多次场合中自称或是让别人称自己为天皇而非大王；其次，在《大宝律令》制定后，《养老律令》出台前，日本的一些官方文件文献里，关于国君，称呼都变成了天皇，比如那本《日本书纪》。

所以我们可以得出一个很靠谱的结论：天皇二字作为一国之君的法定正式名号而登场，是从《大宝律令》开始的。

大宝二年（702年），倭国历史上的第八批遣唐使抵达了中国，这也是自天智八年（669年）以来的第一批。

这批遣唐使节团的团长叫粟田真人，不过他的职位既不是大使也不是押使，而是持节使，比押使还要大，由此可见，他们这次是带着重要任务去的。

粟田真人一行抵达长安之后，照例见到了皇帝，然后奉上了两样东西：一样是国书，一样是刚制定完不久的《大宝律令》。

如果那时候要有著作权法的话估计还得再交一笔使用权税。

·日本诞生

这次国书的内容跟以往空对空的友好问候有所不同，而是一次照会，文武天皇告诉中华皇帝，我们改国名了，从此往后不再叫倭国了，而叫日本。

日本的意思就是日出之国，这个隋炀帝那会儿就说过了。

而改名的理由，根据日本那边的说法，是觉得倭这个字眼不太雅观，改成日本帅气些。

后世很多人都觉得这个说法比较可疑，但到底可疑在何处谁也无法拿出确凿的证据，所以我们在这里就不用去多费心思瞎琢磨了，跟着信就是，反正从这里开始，本书也将用日本来指代我们隔壁的那个邻居了。

国书实际上没什么问题，我很久之前就说过了，中国历史上对于周边小国姓什么叫什么一直都很宽容，只要你不是赤裸裸的人身攻击一般你想叫什么他都接受。

所以天朝如日本人所料地那样认同了照会。

问题的关键，在于那部《大宝律令》。

不是版权纠纷，而是律令中明确提到了日本国君称之为天皇。

虽然那份照会至今早已不知去向，但我敢打赌，十有八九上面的落款用的也是天皇二字，最次也该是日本天子。

也就是说这次日本人来主要是为了告诉中国人两件事：第一，我们改名叫日本了；第二，我们的老大叫天皇。

第一件无所谓，第二件很要命。

隋炀帝那会儿我们就讲过，中国古代非常容不得周边小国称帝，这往往会被视作背叛。

但日本人在明知道这种习俗的情况下仍是踩了一脚中国的底线。

更出人意料的是，中国居然并没说什么，也认可了，既收下了国书，也夸了夸《大宝律令》修订得不错，甚至还赞扬持节使粟田真人是一个难得的饱读诗书精通经典之才。

为什么？

理由很简单，因为那时候没有大唐了。

时为公元702年，此时此刻统御中华君临天下的皇帝名叫武则天，国号大周。

我不反对女人当皇帝，实事求是地讲中国历史上女人主政的时代都挺不错的，但武则天继位之后引发了各种宫廷争斗和周边国家外交混乱却也是事实。国内不去说了，老太太到死都有好几个大臣要逼她退位，国外情况也不容乐观，其他国家不明就里以为自己多年来追随的大唐就这么被女流之辈给篡权夺位了，于是纷纷前来交涉，即便不是明着表示不满，但至少也要来问个究竟。

在这种时候，日本人跑过来搞友好，二话不说不仅大大方方承认女皇继承大唐的合法性，还拿了一本山寨大唐律法的《大宝律令》以示日本从前现在未来将一直紧跟大唐的步伐，你说女皇又岂会有不高兴之理？

就算不满意隔壁称天皇称天子，那你觉得她会不会在这样的形势下驳人面子把人赶回日本去呢？

更何况从粟田真人被单独列出夸赞一番的情况来看，这哥们儿在对见武则天的时候肯定没少说自家持统女皇的事情，而且还要大大赞扬一番女皇的各种丰功伟绩，恰逢此时，持统女皇正以太上女皇的身份在家里扶持朝政，虽然彼老太太和此老太太掌权的出发点完全不同，但至少武则天一听大洋彼岸也有这么一个跟自己经历身份相近的女人在做着同样的事情而且还做得很好，那么一份心理上的亲近感、认同感总是会有的。

正所谓女人何苦为难女人，就是这么个道理。

外交战中，日本又一次获得了自己想要的东西。

取胜的理由跟从前一样，还是情报。

天武天皇那会儿之所以不派遣唐使，那是一种叫板。

他想借此告诉大唐，日本不用看你们的脸色，日本和你们一样也是大国。

所以才会交好新罗，不理会唐朝。

同时也是试探，想看看唐朝会有什么反应，万一反应激烈，也好趁着局势变成无法收拾之前作出妥当的对策。

但是正如他所料想的那样，唐朝那边没什么反应。

因为此时的大唐皇帝唐高宗身患严重的风疾，据说几乎到了全盲的地步，政务全都由皇后武则天一手掌控，一群人且斗着呢，哪有功夫管你日本派不派遣唐使。

之后，李治去世，武后继续逐步蚕食般掌控李家的基业，先是临朝称制，最后在公元690年自立为皇帝，建立了武周政权。

在这种时候跑去给自己弄一点名义上的好处，八九不离十可以成功。

问题是，日本从哪里知道的这一切？

毕竟宫闱斗争连长安的老百姓都不可能在第一时间里知道其每一步动向，远隔千万里的日本又怎么做到了如指掌的？

现在该告诉你第三类遣唐使是干吗的了，或许你应该已经猜到了，是的，他们就是"间谍"。

虽然这两个字有点儿难听而且也确实不怎么确切，但日本依靠遣唐使来获取大唐的情报甚至是把唐人挖墙脚弄回去当移民这的确是不争的事实。

此外，在没有遣唐使的情况下，日本则以新罗为渠道，照样能够源源不断地知道大唐国内发生了什么。

我在这里纯粹实事求是说历史而已，完全没有指摘的意思，况且我也不觉得这是什么坏事，了解自己的邻国，想成为和邻国一样的强大国家这天经地义无可厚非。我仍是想重复那句说了很多次的话，当我们对日本还一无所知的时候，他们却已经把我们摸了个门清。

如果说隋炀帝国书事件那会儿日本还只是偷偷摸摸自娱自乐地关起门来寻求和天朝平等地位的话，那么这一回，则是修成了正果，终于光明正大地和中华帝国平起平坐了。

大宝二年十二月二十二日（703年1月13日），一代女帝持统天皇因病医治无效而于飞鸟驾崩，享年58岁。

这位忠实执行了丈夫天武天皇生前所制定的所有政策的女皇在遗体被火化之后，又与丈夫天武天皇合葬一处，这也是日本历史上第一位火葬的天皇。

史书上对于她的评价是"深沉大度，知礼勤俭，有母仪之德"。

我表示同意，顺便再加上一句：她确实是一位伟大的母亲。

持统天皇驾崩后，轻皇子正式走马上任，称文武天皇，不过这位天皇跟他父亲一样，身体也不怎么好，年纪轻轻地就离开了人世，所以在庆云四年（707年），文武天皇的生母阿閇皇女继承大统，称元明天皇。

元明时代（710年），天皇下令迁都至平城京，也就是今天的奈良县奈良市，这意味着日本历史上的奈良时代拉开了帷幕。

顺道一提，平城京内的规划和建筑几乎完全参照了长安城。

元明天皇之后，继位的是草壁王子的另一个女儿冰高皇女，即元正天皇。

元正天皇刚继位的那年（715年），因为在日本的某个角落里发现了一只高寿的乌龟，被认为是祥瑞，所以改年号灵龟。

两年后（717年），又在美浓国（岐阜县）发现了养老瀑布，于是年号又被改成了养老。

·《日本书纪》

养老四年（720年），从天武天皇时代开始编撰的日本史上第一部正史《日本书纪》终于成书了。

其实《日本书纪》这本书，虽然自称是正史，还得过一个东洋史记的美誉，可你若是真把它当正史来读，那就完蛋了。

该书开篇第一卷，说的是两兄妹通过直系近亲交配的方式，弄出了日本列岛和日本诸神。

这种玩意儿要是在中国敢放入"正史"行列，那估计修书的有一个算一个，全得拖出去杀光光。

不过这并非是说古代的日本人修史精神不严谨，也绝非说《日本书纪》是一本满纸荒唐言的扯淡之作，事实上这本书里大多数史料还是非常靠谱的，我们现在说的事儿有很多也都是以这本书为依据的，只不过，就书本身的性质而言，《日本书纪》与其说是一本历史书，不如说它是一本政治宣传教材更为贴切些。修撰此书的最大动机，是因为天武天皇是通过发兵弄死了亲侄大友王子才得到的王位，虽然事成但毕竟名不正，于是为了宣扬自己正统，这才命令手下，修史一部，先是把关于大友王子一切正面的事迹给抹杀了，以至于今天的你在《日本书纪》里是很难找到大友王子被册封为太子，然后还曾经登位当过天皇的记录的。

同时，天武天皇还鼓吹了一下君权神授，表明自己今天能登大位，绝对不是因为杀侄篡位，而是八百万诸神早在千万年前就已做下的冥冥安排，是正统中的正统。不仅自己正统，就连天皇这个皇位，也是神安排的正统，从神的时代开始，就一直来历清楚地代代血脉相传，这便是被后来日本的国粹主义们喊得震天响的"万世一系"的由来。

实际上天皇家族既没有"万世"也绝非"一系"。

所谓"万世"，那只是个虚数，没必要去较真是不是真的有一万代天皇，同时早期的天皇们事实上绝大多数都只能算是神话人物，和历史人物基本扯不上边儿，比如我们之前曾提到过的应神天皇，他的真实性也不过仅仅停留在"存在可能性相当之高"的级别。

而在他之前的各路天皇比如什么神武天皇之类，那就是传说。

至于那个"一系"，则纯粹是一种给自己脸上贴金的说法了。日本是一个妥妥的，有过王朝更迭的国家。

至于大友王子的那个弘文天皇的称号，还是明治年间明治天皇给人追封的。

该书总共三十卷，全部是汉字所写而成，从神话时代一直写到持统天皇时期。

一般认为这书的主编是天武天皇的儿子舍人亲王，也就是那个打死不肯当天皇的哥们儿。

这种书的主编么你也知道，多半是挂个名当当监工和第一位读者的，真正的编撰工作，自然是由下面的那些学者们来完成。

现在要讲的，就是学者们的事情。

话说就在十几年前，有日本学者在研究《日本书纪》的时候，发现了一个相当有趣的现象。那就是这部有三十卷的书其实可以按照某种规律分成a、b两大部分，a部分包括14到21卷以及24到27卷，剩下的当然就是b部分了。

至于那个某种规律，仔细说来是这样的：虽然整部著作通篇用的都是汉字，但a部分的汉字书写以及语法都非常正确，堪称完美，而b部分虽然也是汉字文章，但其中对汉字的误用错用现象比比皆是，和a部分相比几乎就能说得上是文理不通。

得出的结论是a部分出自中国人之手。

同时，因为14到21卷和24到27卷两部完全不连着，故而从常理上判断，负责修书的中国人应该主要有两个，一前一后。

那么那两个中国人是谁呢？

他们分别叫续守言和萨弘恪，一个姓续，一个姓萨。

虽然中国人现在确实有姓续的也有姓萨的，不过续守言和萨弘恪这俩名字应该是归化后改的，他们真正的中国名至今已然不可考。

至于这续萨二人为什么会到倭国，那还要从白村江之战那会儿说起。

却说当年百济复国军总司令鬼室福信，在请求倭国出兵援助的时候，事先也考虑过万一对方害怕大唐威名不敢相帮怎么办，在一番苦思冥想之后，哥们儿琢磨出一损招，那就是抓了一百来个在百济定居的唐朝人，对外宣称是唐军的俘虏（有部分确实是真战俘），然后送到了飞鸟。

言下之意很明确，就是唐军其实不厉害，你看，我们游击队式地干活都能抓那么多活的。

在这群倒霉蛋里，就有续守言跟萨弘恪。

好在飞鸟朝廷见他们识文断字，是读书人，所以也没太难为他们，还问道说要不要来我们这里当官？

两人没有反对，于是便一起出任了音博士一职。

音博士就是在宫里教那些王子王孙们正确的唐话发音，定员两人，从七位。那会儿的日本人要能发一口标准流利的唐音那绝对比今天中国人说一口英式宫廷英语更出风头。

到了养老年，正好赶上国家还在搞修史，天皇见两人有大才，觉得光教书有点委屈他们，于是便又请出来一块儿编书。

换而言之，日本史上的第一部正史，其实有大约三分之一是中国人修的。

这是中华文化对整个古代东方文化做出的杰出贡献之一，是属于我们的荣耀。

第二章　吉备真备

·船沉见友情

天平六年（734年）11月，四艘从大唐返回日本的遣唐使船在中国的东海遭遇了大风暴。

因为当时造船技术的问题，所以船都不怎么靠谱，曾经有一位不知名的遣唐使在日记里这样写道："当一个巨浪从右面打来的瞬间，整个船舱里的所有人都滑去了左边。"

这次的风浪比日记里的那次更大，整个船舱里不光东西撒了满地，就连人都随着船身颠簸而左右乱滚。

有点儿经验的人都已经看出来了，这船要翻。

于是一下子场面就乱了，各种哭爹声叫娘声跪求祖宗显灵声不绝于耳，还有的什么话也说不出来了，只是号啕不已，觉得自己眼看着就要学成归来光宗耀祖了却碰上这等倒霉事，太不幸了。

在这一片混乱中，有两个人显得格格不入。

一个人紧紧地抱着一个超级大箱子，虽然一言不发一动不动，但却满脸的害怕。

还有一个家伙则跟没事儿人似的在那里笑看一切。

两人四目相对，没事儿人先开口了："哟，你是留学生？"

抱着书的那个仍是不说话，只是点了点头。

"我是留学僧,叫玄昉,你不用怕,这艘船不会沉的。"

所谓留学僧就是去长安留学的和尚,他们主要学习大唐的佛法佛经,不用去太学专攻孔夫子的圣贤书。

"你怎么知道不会沉?"

"因为我有这个啊!哈哈哈!"那留学僧一边说一边笑一边从怀里摸出一张脏兮兮皱巴巴的画,然后往那书生跟前一亮,"看到没,这是南海龙王的画像,只要有了他,就会在海上得到庇佑,此船必然不会沉。"

留学生很无语地看着他,什么也没说,只是更紧地抱了抱那个大箱子。

或许真的是南海龙王附身在了那张都快皱成菜皮的画上了,这一次的遣唐使团,四条船里沉了三条,唯一剩下的,就是带画的那和尚跟带书的留学生所在的那条。

不过他们也够呛,漂到了种子岛,只好下船上陆安顿几天,再坐船北上去福冈,虽然要花费些许日子,但也总强过沉海。

当脚踏上了陆地,那个留学生的脸色明显好转多了,也开始和那个和尚聊了起来。

和尚只是一脸的得意:"怎么样,我说我们的船沉不了吧?正所谓大难不死必有后福,我们在长安留学了十六七年,现在终于能衣锦还乡了。"

"是啊,我在长安整整十七年,连家父病故都不能回家送葬尽孝。"留学生一脸的忧伤。

"人活一世岂能不死,回不去又不是你的错,过去的就让它过去吧。"或许是死者为大,和尚在说这话的时候,脸上已经完全没了笑容。

"你倒是挺会开导人啊。"

"废话,贫僧干的就是这个啊。"瞬间和尚又笑了起来,"话说回来,你小子在快翻船的那会儿真有意思,你就那么怕死么?"

"不是怕死,我是怕我那个箱子沉了,那里面可全是无价之宝啊。"

话说到这里和尚才发现,留学生不知什么时候让仆人把那个大箱子也给拖了出来,这会儿正坐在上面呢。

"我说,这里面有什么宝贝值得你这么劳累地把它背来背去?"

"书。"

第二章 吉备真备

"书?"

"这里面装的都是大唐儒学、律法、历法等各种经典。如果日本想要有未来,那么就必须要学习大唐,要学习大唐,那么这些书是必不可缺的。我死了不要紧,只要把这些书带回日本就行了。"

"诶……看不出来你还这么有抱负,你叫什么?"

"下道真备。"

"嗯,我记住了,等到了奈良之后有缘再见吧。"

下道真备,备中国下道郡(冈山县内)出身,他们家本是当地很有势力的豪族,但大化改新之后,豪族的土地领民都被没收了,于是真备的父亲下道圀胜只能应朝廷召唤,来到了京城当了个右卫士少尉。

右卫士少尉就是宫廷近卫兵里负责看守皇宫四周的小军官,官阶从七位上,待遇地位跟在老家那是完全不能类比的。

家道中落固然不幸,但好在儿子下道真备相当有出息,自幼便有神童之称,年仅17岁就进了大学深造。

大学就是那会儿日本的最高学府,很显然是山寨了大唐的国子监,国家挑选全国的精英在里面读书,然后再在精英中挑出精英送出去留学。

养老元年(717年),年仅21岁的下道真备被选为留学生,坐船前往长安读书。

到了大唐之后,他的天才神童属性彻底爆发了。

虽然那会儿去长安的日本留学生主要学的是儒家经典,但在读圣贤书的同时,他们中的很多人还要学其他东西,大致可以分为三类:律法、建筑、工艺。

工艺就是金属加工啊陶瓷制作之类的。

而下道真备则是奇葩,因为他什么都学,无论是圣贤书律法建筑工艺还是兵法医学天文学,甚至是琴棋书画这种娱乐活动哥们儿都没落下,而且还学得相当好,一般中国读书人都不如他。

所以当时的皇帝唐玄宗李隆基数次希望他能留在唐朝做官,但都被婉言谢绝。

一连苦读了十七年,到了天平六年(734年)年底,一来是感到该学的都学了是时候回国报效了，二来是正好有一团遣唐使从长安出发准备回日本，于是下道真备便也搭上了顺风船，同船的还有几个跟他同一年去大唐留学的人，比如玄昉。

一行人走了数月，一直到第二年（735年）年初才回到平城京。

正如前文所说的那样，遣唐使回到日本，基本上都能得到富贵荣华，下道真备当然也不例外。作为资深海归精英，他一踏进平城京，就接到了升官的通知，官阶从原来的从八位下一跃升至了正六位下。

虽然八和六之间只差个七，但在当时日本的官阶里，从八位下和正六位下之间，差了整整十个级。

不过这也算不了什么新鲜事，毕竟谁都知道那会儿最重入唐人。下道真备真正在平城京内引起轩然大波让大家都知道他名声的缘由，还是因为数日之后，他把那个拼死也要保住的大箱子给献了上去。

在这个箱子里，有总共1600卷经典，除了常规的儒家书籍和史书之外，还有天文学、音乐和兵法等著作，其中的《唐礼》130卷、《大衍历经》1卷、《大衍历立成》12卷、《乐书要录》10卷等，都堪称是无价之宝。

和各种书一起被献上去的，还有弦缠漆角弓、马上饮水漆角弓、露面漆四节角弓各一张，射甲箭二十支，平射箭十支，日时记一个以及乐器若干。

这次献宝行动在京城里引起了轰动，天皇还特地搞了个展览让王公贵族们前来观摩，而在各种围观的过程中，有两个人同时注意到了下道真备，他们都是朝中的重臣，一个叫葛城王，一个叫藤原仲麻吕。

葛城王是敏达天皇的后裔，藤原仲麻吕的曾祖则是藤原镰足，两人都是当时平城京里能呼风唤雨的人物，但同时也是一对冤家。

·君子泰而不骄

对于这个带了一箱子宝贝回来的精英下道真备，两人都想把他拉拢到自己的阵营，于是铆足了劲儿跑去套近乎。先是葛城王非常礼贤下士让人把真备召到了自己的王府嘘寒问暖了一番，而藤原仲麻吕则更加一步到位，亲自跑到下道家，说明天跟我一起去皇宫，天皇要见你，不是以前的那种团拜会，而是皇上单独会见你一个哟。

当时执政的是圣武天皇，此人好佛，极端好佛。

所以他见到下道真备后的第一句话是问，先生你既然从大唐带了那么多佛经回来，那么自己对佛法又有什么心得呢？

下道真备回答说自己虽然也读过佛经，但更主要的是读律法，读经典，尽管偶尔也有想想佛家的哲学，可考虑得更多的，是如何让日本变得更强大。

这很明显是在吐槽天皇，你丫的一国之君不思如何治国天天想着拜佛，干脆滚庙里去得了。

但信佛之人毕竟是信佛之人，圣武天皇听完后没有任何不快，而是很顺水推舟地问道："那么如何才能让日本变得更强大呢？"

"回禀圣上，想要让日本变得强大，只有学习大唐的一切。"

"从大化改新的时候我们就已经开始学大唐了，如今都过了七八十年了，可日本仍然不能与大唐相比，这又是为什么？"

"臣以为是学得不够。"

"学得不够？此话怎讲？"

"诚然，自多年前开始日本便一直在学大唐，可学的仅仅是律法、佛经等极少数东西罢了，臣以为，所谓学习大唐的一切，就是完全模仿大唐行事，无论是朝堂还是民间，所用所行的一切，都做到和大唐一样，如此一来，日本必定会强盛。"

"要多久？"

"大唐开国至今，已经一百余年了。"

显然圣武天皇对一百年这个概念是无法接受的，于是连忙转换了话题："那么下道真备，你自己又有何愿望呢？说出来，朕可以帮你实现。"

"我自己……"下道真备还真没想到过这个问题，所以显得有些手足无措，"我自己……并没有什么想要的啊。"

"没事，你但说无妨。"天皇笑着说道。

"那……那臣就说了……臣有高堂在上，想要一间足够大的宅子奉养老母……"

或许是多少年来没听到过如此朴实的言论了，故而此话一出，在场的大伙都愣住了。

当时在场的，还有藤原仲麻吕的姑姑，即圣武天皇之妻光明皇后——这也是为什么他能轻易让下道真备进宫面圣。

此人是日本历史上第一个从藤原家出来的皇后，同时也是日本历史上最初的非皇族出身的皇后，她的出现，代表着之后长达几百年的藤原家称霸后宫的历史拉开了序幕。

光明皇后的父亲叫藤原不比等，不比等是藤原镰足的次子。皇后在年仅15岁的时候就嫁给了尚且还是太子的圣武天皇。她自幼就是一个超级大美女，而且不仅脸长得好看，心地也异常善良，被当时的史书记载为一个"聪明，富有善心且一心向佛"的完美女性。

这是真的。

光明皇后在世的时候，自己出钱兴建了日本最初的孤儿院，名为悲田院，而在奈良的法华寺内，至今尚存一个浴室，据说这是当年皇后因考虑到贫困的穷人洗不起澡而开设的免费浴室，这位尊贵的女性甚至还亲自来到浴室里为那些生病的穷人们擦背。

此外，她还开设了日本史上的第一个临终关怀机构——将那些已经无药可救命不久矣的穷人们收容于此，给予他们生命中最后的关怀和照顾。

总之这是一个平易近人的好人。

所以当下道真备谦逊地表示自己一无所求只想要小木屋一间安顿家乡老母时，光明皇后着实被感动了，正当她想说些什么的时候，突然背后响起了一个声音。

"既然你只要小屋一间的话，要不就带着你家里人住在宫中的马厩里如何？听说你们乡下都是人马同住的。"

说这话的是圣武天皇和光明皇后的女儿，阿倍内亲王。

这姑娘自幼深得父母宠爱，整日里口无遮拦肆意横行，几乎就是皇城一霸，并且无人敢管。

下道真备也是久闻这位千金小姐的大名，所以并不回话，只是低头不语。

倒是光明皇后开了口了："下道大人，在唐国对于这样的女子，该如何管教呢？"

"回禀皇后，大唐人对于子女的教束是相当严格的。"

皇后一笑："无妨。"

"那请借笔墨一用。"

"可以。"

下道真备拿过已经润了墨的毛笔，径直走到阿倍内亲王跟前，拉起她的手，在掌心中写下了一行字。

接着，狠狠地就是一记掌击。

"啪"的一声，把周围人都给吓了一跳。

姑娘低头去看，发现手上写了六个字：

"君子泰而不骄。"

这便是两个人的初会。

在后世的无数影视文学作品中，下道真备被描绘成了阿倍内亲王的初恋甚至是唯一的挚爱，然而因为命运的束缚最终两人没能走到一起，或者说，即便没有发展到那一步，但至少情窦初开的公主在豆蔻年华遇上了成熟的饱学大叔，那种小小的暧昧还是有的。

对于这种说法，我不作评论也不想多嘴，因为本书说的是历史，在没有确凿证据之前，说什么都是扯淡。

虽然两人的感情世界我们不得而知，但是在这次见面过后，圣武天皇和光明皇后达成一致，任命下道真备为宫廷老师，学生只有一个：阿倍内亲王。

主要教授《汉书》和《礼记》。

教课之余，两人当然也会聊天，老师给学生讲在大唐的种种见闻，而学生则告诉老师宫廷的各种内幕。

说着说着，就提到了一个人：藤原宫子。

·撩妹就撩皇太后

藤原宫子是藤原不比等的另一个女儿，嫁给了文武天皇做妃子，同时也是圣武天皇的生母，那一年已经50多岁了。

不幸的是，她在生下圣武天皇的当年（701年），就得了一种病，症状是整天躲在一个小房间里一会儿哭一会儿笑，有几次甚至还想自杀，别说照顾孩子了，就连生活都不能自理。

在生活在21世纪的我们眼里，这其实是一眼就能看出来的很明显的产后抑郁症，稍加调理就能治愈，但在飞鸟奈良时代的日本，医学完全没有到达这个程度，人们只以为她是着了魔，可毕竟是天皇的生身母亲，又不能人道毁灭搞安乐死，于是只能把她关在一小屋子里养起来，整天由着她疯。

可怜的圣武天皇从出生之后就没见过自己的亲妈。

不是他不想见，而是不敢见，因为藤原宫子此时的症状已经发展到了"生人勿近"的地步，发起病来甚至连一直服侍在旁的仆人都不敢靠近。

这是一个比较传奇的故事，以至于下道真备八卦心发作，在当天课程教完出宫后，把这个故事告诉了来自己家里做客外加顺便蹭饭的玄昉——两个人此时已经混得很熟了，再加上那时候在日本，同期留唐等于后来中国的同科进士，算是相当了不得的缘分，所以彼此之间也几乎到了无话不谈的地步。

本来这就是个八卦，但奇怪的是向来说话比那个阿倍内亲王还不是东西的玄昉听完后却是一脸的严肃："此事当真？"

下道真备说具体是真是假我也没亲眼见过，但总不至于有人拿自己的奶奶来开这种玩笑吧？

玄昉想了想，说道："你能让我见到太后吗？"

下道真备很认真地考虑了一会儿，表示如果去拜托阿倍内亲王的话或许可以，但问题是你见了之后想干吗？

"我想给她治病。"

"宫中那么多有名的大夫那么多年都治不好她的病，你凭什么去治？"

"宫中的大夫无非是世代医家，靠了祖宗的名气才能混上一口饭罢了，并不代表他们有多大的能耐，更何况从你所说的症状来看，这太后应该得的是心病，让我这个开导普渡别人的高手来治心病，那是最适合不过的了。"

下道真备知道玄昉在想什么，和一回国就连跳数级大升官，备受天皇皇后宠爱，还在亲王身边当老师，正值春风得意的自己相比，同样是遣唐留学生，同样在自己的专业领域里奋发读了十七年，同样受到过玄宗皇帝的青睐（曾受赐三品紫衣袈裟），同样也带了大批经典回国（玄昉带的更多，佛经5000卷）的玄昉仍然不过是个普普通通的大和尚，只是从天皇那里得到了一些最基本的俸禄和赏赐罢了，和当时在船上那满心衣锦还乡的憧憬全然不符，他不是没有能力获得这一切，只不过缺少一个机会罢了。

大家都是朋友，帮你一把也是应该的。

"不过，给太后治病可不比平常，万一出了什么事你可别连累我。"真备说道。

"那时候贫僧自行了断就是，放心吧。"

天平八年（736年），在下道真备和阿倍内亲王的各种沟通下，玄昉走进了皇宫，又走进了藤原宫子住的那间小屋。

眼看着藤原宫子就要闹将起来，玄昉连忙挥手赶走了左右，然后说道："你别怕，我是海龙王派来的使者。"一边说，一边从怀里摸出了那张已经变得更加皱更加脏的南海龙王画像。

奇迹出现了，老太太一下子就镇定了下来，呆呆地看着眼前的和尚与那张画。

"你有何不快，可以对我说，我一定会转达给海龙王大人。"

当天就传来了喜讯，说老太后多年来头一次在没有一哭二闹三上吊的情况下，非常平和地见了一个陌生人。

之后一连数月，玄昉天天往太后寝宫里钻，紧接着各种流言蜚语层出不穷，尤其是坊间，甚至连太后已经为当今圣上生了个小弟弟这种谣言都有，以至于圣武天皇不淡定了。他很想从此不再让玄昉进宫，可又做不到，因为除了最初的那几次，之后每回玄昉来给太后治病，都是应太后召唤前来的，你真要在门口挡驾，保不齐老太太又折腾出什么幺蛾子来。

只是天皇怎么都弄不明白，那玄昉到底是怎么做到的，难道他真的有神力吗？

当然不是。

这和藤原宫子的出身有关。

这位老太后虽说明面上是藤原不比等的女儿，但其实只不过是以藤原家女儿的身份嫁进皇宫的，她真实的出身是在纪州（和歌山县），也不是什么贵族千金，而是个海女。

海女就是潜水鱼师的女儿，潜水鱼师就是以下海摸珍珠摸鲍鱼为生的人，在古代日本是个很常见也很危险的职业，往往是夫妻搭档，由妻子带着绳索负责潜水。绳索上有称为"分铜"的重锤可以加速潜入，上浮时海女会以拉扯绳索为信，由丈夫拉绳加速上浮。

名著《枕草子》中，就有关于海女家族的描述。

却说当年文武天皇出巡纪州行宫的时候，在海边邂逅了或许正在捕鱼或许正在晒太阳的某个连名字都没有的海女，见惯了宫廷里的矫揉造作，猛地遇见这么个原生态的姑娘，就好像王子看到了灰姑娘一般一见钟情了。

但海女毕竟是海女，地位真心相当低下，就算再漂亮也不可能娶进宫里当妃子，要知道当时皇宫里头哪怕是给天皇端马桶的，都是豪族家的女儿，只不过有大小豪族之分罢了。

就在这个时候藤原不比等横空出世了，他把那个海女收养为自己的女儿，改名藤原宫子，有了这个身份，那海女便能名正言顺地嫁进皇宫了。

可这显然并非是什么好事。

虽然嫁入豪门从此过上了所谓的幸福生活，但宫廷内部的钩心斗角，和周围人之间身份的巨大差异，都让藤原宫子无法习惯自己的新生活。

你或许可以用自由来换富贵，但你终有一天会发现，自由永远是没有任何东西可以取代的存在。

这也就难怪会得产后抑郁症了。

而玄昉正是在知晓了这一切后，才会以海龙王使者的身份进宫，代表海龙王来倾听这位"海的女儿"的心声。

果然很有效。

其实治心病跟治身病一样，也是望闻问切四个字，只要掌握了一切，再加上足够的开导，自然能妙手回春。

经过一年的努力，天平九年（737年），藤原宫子的产后抑郁症痊愈了，老太太几十年来头一回走出了那间小屋子，也头一回见到了自己的儿子圣武天皇。

同样，天皇活了大半辈子也第一次看清了自己亲娘长啥样，这一份内心的激动自是不言而明。

激动之余，他决定好好赏赐大功臣玄昉一番。

葛城王很不失时机地上奏表示，玄昉这一年里劳苦功高，应封他做僧正。

僧正就是僧官的一种，地位相当高，比它高的只有大僧正，通常即便是大寺院的住持不到一定资历也是坐不到这个位置的。当时的玄昉不过三十来岁，但天皇依然是准奏了。

同时，因举荐有功外加把阿倍内亲王调教得很好，下道真备也受了赏，官阶被升到了从五位下。

两位遣唐使就这样总算是出人头地了。

·苦人儿藤原广嗣

就在玄昉给太后治病的当年（736年），葛城王放弃了皇族的身份，用了自己母亲家的姓，改名为橘诸兄，名义上说是为了更好地帮助天皇处理政务，实际上是为了更好地对付藤原家，毕竟你堂堂一个王爷跟一个大臣勾心斗角过不去，总归不大体面。

顺带一说，我们都知道日本古代有四大姓氏：橘、藤原、源和平。藤原的祖先是藤原镰足，而橘氏的祖先，正是这位橘诸兄。

改名后的第二年（737年），橘诸兄出任右大臣，接着正式开始行动。

他首先提拔了下道真备，任命其为从四位下右卫士督，等于是皇宫四个大门他管其中一个，而玄昉自然也没给落下，除了之前推荐他担任僧正之外，还把大内皇家专用的佛道场也交给了他管。

这种摆明了就是拉帮结派想要对抗藤原家的举动很自然地惹毛了藤原仲麻吕，为了和橘诸兄对抗，他决定联合藤原家的全部力量，与之一较高下。

可惜他做不到，不是能力不够，而是藤原家的人突然都死光了。

就在这一年（737年），一场天花降临了平城京，一时间整个京城里头死尸遍地，无论是达官显贵还是平民百姓都无法幸免。

藤原不比等当年生了四个儿子，分别是藤原武智麻吕、藤原房前、藤原宇合和藤原麻吕。

结果这四位都在这场天花中被夺走了性命。

其中藤原武智麻吕是藤原仲麻吕的亲爹。

好好的一个藤原家一下子倒了四根中流砥柱，他藤原仲麻吕就是再能耐这会儿也翻不出跟头来了。唯一能做的，就是看着家里人畜平安的橘诸兄不断地扩张自己的势力。

实在是被逼得不行了，也只能背后搞搞小动作，比如搜集一些八卦新闻出去散播，八卦的对象主要是玄昉，因为这秃驴成天待在太后寝宫不说，出了宫在外面也是整日花天酒地享乐人生，全然没有一副出家人的样子，并且还多次怂恿天皇说要造一尊大佛，让百姓来祭拜，这个建议连好朋友下道真备都表示了强烈的反对，理由是过于耗费国家财力。

藤原仲麻吕正是利用这些事情，让人天天传流言，打算用最恶毒的言语来将玄昉击倒，或是传到天皇耳朵里头让他自行清理门户。

但这显然不太可能，玄昉本身是个二皮脸，早就修得了泰山崩于前而面不改色的道行，想用这种坊间传闻来打击他简直就是白日做梦，而对于圣武天皇来讲，玄昉是救母恩人，多吃点多喝点又算得了什么？

所以藤原仲麻吕最终得出的结论是自己只能忍，静静地等到橘诸兄他们自己露出破绽，然后再将其一举拿下。

然而，终究还是有人忍不住的。

话说藤原仲麻吕那得天花死去的叔叔藤原宇合有个儿子叫藤原广嗣，当时在朝中担任治部少辅，本来挺人畜无害的一孩子，不想因为出身藤原家，遭到了橘诸兄的惦记，橘诸兄和玄昉一起在天皇面前进言，指摘藤原广嗣的种种不是，天皇心一动，便在天平十二年（740年）把广嗣那倒霉孩子给派到大宰府去任大宰少贰了。

大宰府，是设立在九州北部筑前国（福冈县）的行政机构，最高长官叫大宰帅，从三位，主要职能是监视朝鲜半岛以及中国的一举一动，以防变化。

大宰少贰是大宰帅的副官之一，品级跟治部少辅相当，但因为这地方太过偏远，所以让他去当大宰少贰等于就是发配边疆了。

再说那藤原广嗣到了九州之后，自然是心怀着千万分的不满，整日里也不干活，天天拿着个酒碟在那喝酒，边上人知道他是藤原家的公子，也不敢管他，只得由着他去。

某天，广嗣又一个人坐在办公室里喝闷酒，一边喝一边发牢骚，碎碎念地把橘诸兄玄昉以及下道真备那几个十八代祖宗都问候了个遍，骂着骂着，突然猛地把酒碟子一摔，用力一拍大腿，怒喝一声："老子宰了他们！"

手底下人照例当他发酒疯，于是围上去好言相劝，说其实九州也蛮不错的，要啥有啥还离大唐挺近，大人您就别折腾了云云。

广嗣低头不语，琢磨了一会儿后，又是一声大喝："起兵！"

当时大宰帅跟其他几个高级的大宰官刚好空缺，故而大宰少贰藤原广嗣实际上是统领了整个大宰府，手底下管着万把人，所以当天哥们儿就点起了所有人马，浩浩荡荡地往东面杀将了过去。

同时提出了口号：清君侧，诛奸臣。

奸臣是谁也说得很清楚，一个是玄昉，一个是下道真备。

玄昉也就罢了，这厮确实欠揍，但下道真备真心很冤枉。

长久以来他虽然一直为橘诸兄重用，可却从来都不是橘诸兄那一派的，事实上他谁的人都不是，尽管橘诸兄确实不止一次地明示或者暗示过真备，但却全都被他以君子不党为由而拒绝，此时的下道真备完全是一副安居乐业的腔调：主要工作是专心教阿倍内亲王读书，剩下的时间就去皇宫门口走走，看看有没有不法分子，其余的一律不管不问。

但藤原广嗣显然顾不了那么多，既然下道真备是橘诸兄提拔的，那么在广嗣眼里，必然是和橘家一伙的，万丈高楼平地起，弄不掉橘诸兄先弄掉你们哥俩。

消息传到京城，圣武天皇倒也镇静，兵来将挡地派出了名将——陆奥按察使兼镇守将军大野东人，封他为大将军，顷刻率兵一万七千征讨藤原广嗣。

双方在板柜镇决战，不到一天，广嗣军便兵败如山倒。

其实早在刚拉开战阵那会儿，大野东人就吼了一嗓子说老子奉诏讨贼，主犯千刀万剐，从犯一律不咎。

喊完之后大宰府的部队就哄一下跑了一大堆。

这还不算什么，更加悲催的是藤原广嗣兵败后打算坐船逃往新罗，不想刚刚踏上了船，海面上狂风骤起，活生生地把船给吹回了岸边。

广嗣见状，连忙跪了下来，先拜天后拜海，口中称道："我藤原广嗣乃是大忠臣，如果老天爷您也这么认为的话，那就请平息大风，助我前往新罗吧！"

说完，还把驿铃给丢进了大海。

所谓驿铃，就是古代日本朝廷赐予外放官员的信物，拿着这个可以沿途在各驿站公款吃喝，并接受保护。

只听得"扑通"一声，刹那间，海浪高达数丈。

风，更大了。

这是真事儿。

当年11月，藤原广嗣被擒获，遭斩首之刑。

广嗣之乱，对玄昉触动很大，这家伙一直以为藤原家的人最多也就是聒噪两下打打嘴炮，没想到居然来真的，这使他终于明白了政坛险恶的道理。于是他也不再整日里往太后房间里钻跟太后打小报告了，而是回到了庙里，安安静静地抄起了佛经。同时每日焚香发愿，不为别的，只求自己下半生能有个安生。

不过他最终还是没能逃过一劫，天平十七年（745年），藤原仲麻吕上奏圣武天皇，列举玄昉数条罪状，于是大和尚就被剥夺了一切官职财产，然后下放到了九州的一个寺庙里当住持，于第二年（746年）病逝在了那里。

· 日版武则天

其实藤原仲麻吕还想顺手把下道真备一起给赶出京城的，只不过没法下手。因为对方背后有人。

此时的阿倍内亲王已经在天平十年（738年）的时候被册立为日本史上唯一的女太子了，下道真备也因管教有方而被任命为东宫学士，就是太子的老师，继续教授女太子功课，在他的悉心调教下，当年那位大大咧咧口无遮拦的野姑娘如今已然变成了知书达理谦谦温和的皇家闺秀。

显然，在这个时候去招惹那位看起来人畜无害的教书先生实在不是个明智之举。

天平十九年（747年），下道真备官升从四位下右京大夫，也就是半个京城的市长，不仅如此，天皇还赐其新姓：吉备。

出身地方豪族的书生成为了掌管京城的朝廷大员，并且还获得了天皇赐姓，这在当时的日本是绝无仅有的。

两年后（749年），圣武天皇退位，女太子继承大统，称孝谦天皇，改年号天平胜宝。

或许是吉备真备教得太好了的缘故，孝谦天皇确实如名号所说的那样，是个不折不扣的孝顺女儿，当时光明皇后还活着，女皇在刚刚即位那会儿，几乎事无巨细都会找妈商量。

于是皇后最喜欢的外甥藤原仲麻吕就如同跌进了米缸里的老鼠，再加上他的那几个得天花而亡的叔叔的孩子们在此时也差不多都长大成人了，所以藤原家终于又迎来了第二春。

同年，仲麻吕升任右大臣，并在光明皇太后的推荐下兼任中卫大将，同时掌握了军政两大权力的他，终于完全压倒了左大臣橘诸兄，并且使得后者再也没有了翻身的机会。

现在，总算只剩下吉备真备一人了。

天平胜宝二年（750年），在并没有经过天皇点头认可的情况下，藤原仲麻吕突然任命吉备真备为肥前守，也就是肥前国（佐贺县）的地方长官，将其下放边疆。

吉备真备倒也不在乎，接到文书之后就默默地收拾好了行李，然后一声不吭地去九州上任了。

因为他知道在乎了也没用。

巧的是就在这时候，日本开始准备起了又一次的遣唐使赴唐事宜，于是吉备真备便趁机上奏朝廷，表示自己拥有丰富的在唐生活经验，既可以和大唐沟通各种事情，也能帮助后辈尽快适应那里的生活，所以还请皇上批准，让他参加这次使节团。

孝谦天皇没有任何犹豫就准了这道奏折，而藤原仲麻吕也大力支持，因为在他看来，吉备真备即便在边疆那也终究是个隐患，还不如让他彻底滚出日本，眼不见心不烦。

天平胜宝三年（751年），吉备真备第二次出发赴唐，并且还担任了整个使团的副使，这一次的大使叫藤原清河，是藤原房前的四儿子。

真备此次去大唐有两个原因：第一当然是不想再风餐露宿地这么守边疆了，毕竟那时候的九州还荒凉得很；第二则是想去长安把留在那里的一个好朋友给带回日本，然后组成攻守同盟，一起抵抗正不断扩充着自己势力的藤原仲麻吕。

那个好朋友是谁，我们下一章会说的，只不过事与愿违，这个人并没有被成功地带回来。

天平胜宝六年（754年），吉备真备回到了日本，归国后的第二年（755年），唐朝发生了一件大事，也就是安史之乱。

安史之乱虽然发生在中国境内，但对日本的影响也不小，主要是担心安禄山史思明他们会在夺取大唐全国后再把矛头指向日本，因此当时有很多日本的官员要求孝谦天皇整备边关防务，以备不测。

吉备真备就是属于这类人。他甚至还认为新罗也很有可能趁火打劫，所以这回是主动要求去九州守边疆，担任了大宰少贰，之后又升至了仅次于大宰帅的大宰府第二高官大宰大贰，掌管了整个九州的防务。

天平宝字元年（757年），从养老四年（720年）开始修编的《养老令》终于完稿，由孝谦天皇亲手颁布，昭告全国。

从律令的文本内容来看，可以说是《大宝律令》的升级版，该律令是仍参考了隋唐两代的中国律令，再融会贯通并结合日本国情之后的产物。

尽管如此，这份山寨隋唐律法的《养老令》却是此后一千多年里日本唯一的根本大法，一直用到明治年间才被废除，由此可见大唐对日本的影响之深。

天平宝字二年（758年），孝谦天皇宣布退位，由舍人亲王的儿子大炊王继承宝座，史称淳仁天皇，她自己则担任太上女皇，称孝谦上皇，居于幕后摄政。

这位淳仁天皇没什么本事，唯一的特长是卖萌。却说他刚继位的那会儿隔壁大唐正爆发着安史之乱，叛军和官军正打得火热，然后天皇看在眼里急在心里，嚷嚷着要援救大唐。

至于援救的方法，是从民间调集耕牛，把牛角砍下来做成武器，送给唐朝皇帝。

然后藤原仲麻吕和吉备真备这两个政敌多年来头一回意见一致地表示了强烈的反对。

孝谦天皇让位的原因，一般被普遍接受的说法是当时她娘光明皇太后得了重病，为了腾出时间来照顾亲妈，于是便不得不放弃了自己心爱的天皇事业。

这是扯淡，要知道她即便不当天皇了也仍在执掌朝政，国家的实际统治者仍是她，每天花在政务上的时间一点儿也不比从前少，而且就算要照顾光明皇后也不用女皇本人亲自端茶送水，能花多少工夫？

真正的缘由是因为藤原仲麻吕给了压力了。

仲麻吕之所以能够权倾天下，完全是得益于姑妈光明皇后，他和孝谦女皇之间的关系其实并不怎么样，故而在光明皇后病重之后，考虑到万一姑妈这次没挺过去，而自己又不愿意在后台倒了之后也跟着一起倒，那么最好的办法就是把孝谦天皇给弄退位，然后再和新天皇搞好关系，这样一来，不管姑妈死不死，自己都能做一棵政坛常青树了。

这一切都进行得非常顺利。尽管淳仁天皇是孝谦天皇在位时就立下的皇太子，但很快他就被藤原仲麻吕给拉拢了过去，两人打得一片火热。

不过女皇却对这些事情并不怎么在乎，在她看来，以太上女皇的身份摄政非但没什么不好，反而还离自己的偶像更近了一步。

她的偶像是一代女帝武则天。

在孝谦上皇尚且还是阿倍内亲王的时候，她的老师吉备真备上课之余跟她说得最多的，是大唐的事情。在各种大唐故事里，说得最多的，是帝王世家——毕竟学生以后或许要当天皇，总得有针对性地搞教育。

而在那些帝王里，最常被提起的，是武则天。

在那个时候，姑娘就会经常对老师说，如果自己有一天真的能继承父位，那一定要做一个不输给武则天的千古女帝。

她是这么说的，也是这么做的。

在女皇执政的时代里，国内政务全部参照唐制，就连官名也都改成了唐朝风格（一说藤原仲麻吕主导）。不仅如此，她在个人修为方面，也极力靠近武则天，几乎就是日本版的武媚娘。

武则天废太子，她也废太子。圣武天皇临终之前（756年）曾留下遗嘱，立新田部亲王的儿子道祖王为皇太子，结果他才死了一年（757年），孝谦天皇就把道祖王给废了，给他改了一个很蠢的名字之后，再一顿棍棒，将其活活打死在了牢里。

武则天执政期间大兴告密之风，孝谦天皇也有样学样地猜忌群臣。橘诸兄因为在圣武天皇病重期间于自己家里摆了一桌酒席喝了两杯小酒，便被怀疑有不臣之心，被迫辞去了左大臣一职。而他的儿子橘奈良麻吕更惨，被藤原仲麻吕告发说要谋反，然后女皇还真的信了，将其和其所有的党羽全部关押进了大牢，然后或杀或流，涉案人员高达440多人。

武则天好佛，孝谦天皇也好佛。她在位期间，不仅在日本奈良造起了巨大的佛像（奈良大佛），甚至还请了一位大唐的得道高僧来给自己授戒。

那个得道高僧就是著名的鉴真和尚，详细的事迹我们以后会说到的。

武则天据说有四大男宠，孝谦天皇……也有，不过就一个，叫弓削道镜，是个和尚。

这个道镜说起来跟吉备真备倒也有些渊源，他是玄昉的师兄弟，哥俩都是出身日本一代高僧义渊和尚的门下。

要说两人还真是一对师兄弟，不光各自最大的技能都是忽悠，就连发家史都如出一辙。

且说天平宝字五年（761年）的时候，孝谦上皇生了重病，然后也不知道是哪个吃饱了没事儿干的把正在学梵语的道镜给推荐进宫说是能看病，结果他这一进去，女皇的病倒是治愈了，可道镜也没出来，两人就这么好上了。

其实这也正常，一辈子单身没结过婚的女人喜欢上一个男人，这完全是天公地道，谁都没资格多说什么。

道镜因此就成了上皇身边的大红人，地位也如雨后春笋节节高，当年（761年）就被封为少僧都。

古代的日本和尚从高到低分十个等级，最高的是大僧正，少僧都排在第六。玄昉当年能当僧正不光因为他治好了太后的病，更因为哥们儿留唐十七年，带回五千卷经书，而现在这道镜几乎无尺寸之功初出茅庐都能混上个少僧都，除了潜规则上位还是潜规则上位。

而且正所谓一人得道鸡犬升天，弓削家的其余闲杂人等也因此而各自升官，大富大贵了起来。

道镜的升官以及仗着孝谦上皇的宠爱逐渐开始干涉朝政的行为很快就引起了藤原仲麻吕的不满，他数次上奏，希望上皇不要再和那秃驴鬼混在一起了，但所有的奏章都如肉包子打狗，一去再也没了音信。

不得已，仲麻吕只能让淳仁天皇亲自出面，要求上皇自重守礼，顺便再把道镜赶出京城。

上皇当然不愿意，反而还把淳仁天皇给骂了一顿。

一国之君被这么一骂，面子上自然挂不住，于是便在藤原仲麻吕等一干藤原派的支持下接二连三地和女皇就关于道镜一事展开激烈的争吵。

争吵的结局就是关系本来就已经出现裂缝的两人现在终于彻底撕破脸开始大鸣大放地对立了起来。

藤原仲麻吕要的就是这样的局面。

·此生可能爱过你

话说自从橘诸兄辞职，他儿子橘奈良麻吕因涉嫌造反而被搞死之后，仲麻吕在朝中便再也没了敌手，可以说，在他数十年的苦心经营下，藤原家的势力遍布了整个平城京，几乎就要达到一统庙堂的境界了。

当时的朝政虽然大体上还是被孝谦上皇掌控着，但实际上底下的群臣没几个喜欢这位女皇，严格说来大家都讨厌她，但又怕她，属于那种天天盼着有个英雄来力挽狂澜拯救世界可自己又不敢出头的情况，故而藤原仲麻吕认为，只要自己和淳仁天皇君臣齐心然后振臂一呼，那必然响应者群起，然后孝谦上皇也一定会土崩瓦解，沦为手下败将。

女皇其实也很明白眼下的局势，她也知道朝中大臣几乎都愿意听藤原仲麻吕的，不光是因为自己多年来对他们的严控，更因为自己是个没有孩子的女人。

这个道理很简单，君王无后等于根基不稳，在这种时节，又有几个臣子愿意跟着一个风雨飘摇的皇帝？

至少有一个。

当然不是道镜。

天平宝字八年（764年），大宰大贰吉备真备奉诏回京，出任造东大寺长官。

东大寺是日本最著名的寺庙之一，之前提过的奈良大佛就在该寺之内，造东大寺长官，就是建造东大寺的一切事务总管。

这是一个掩人耳目的闲职，毕竟不是真的让他亲自去搬木头看图纸。吉备真备这次回来的真正目的，是来对付藤原仲麻吕的。

仲麻吕感到自己压力很大。

太上女皇自不必说，心狠手辣无坚不摧。那道镜虽说是靠潜规则出人头地的，可毕竟是玄昉的师弟，并非泛泛之辈。本来单靠这对神雕侠侣，就已经能基本压制住藤原仲麻吕和淳仁天皇以及他们背后的文武百官了，现在再加上一个一手把女皇调教出来的万事通吉备真备，自己的胜算还剩多少？

人的压力一大就容易焦虑，一焦虑就容易走错路。

当年9月，在尚且没有出现任何败象的情况下，藤原仲麻吕莫名其妙地就想到了"先下手为强，后下手遭殃"这句千古名言，接着突然集结了六百人，宣布兵变。

拥护者有淳仁天皇的两个兄弟船亲王和池田亲王，而天皇本人因为蹲在深宫大内出不来，只能表示精神上的支持。

这真是出人意料的一招，别说吉备真备了，就连仲麻吕的心腹们都没想到。大家日子过得好好的冷不防呼啦啦一下子就都跟着成反贼了，很多人一下子心理上就没能承受住。

9月5日，藤原家家臣大津大浦因不想参与这种会让自己遗臭万年的行动，于是便跑去皇宫，告发了自己的主人。

11日，孝谦上皇派兵围住了淳仁天皇所在的中宫院，将其软禁在内并没收象征皇权的玉玺。

藤原仲麻吕闻讯后，也派人全京城地串联，希望那些昔日里紧跟自己步伐的权贵大臣们这一次能和自己共进退。

但却拥护者寥寥，或者说没有拥护者。

这是仲麻吕意料之外但却在情理之中的一件事，毕竟不管什么世道，比起雪中送炭来，大家更喜欢锦上添花。

不得已，仲麻吕只能率部逃出了京城，以图在外围决胜负。

女皇则下诏任命吉备真备为从三位中卫大将，全权统御全国人马，追剿藤原家反贼。

这个任命让当时的日本军政两界都很看不懂。因为即便藤原仲麻吕再怎么彪悍，国内仍不乏可以与其一战的大将，退一万步说，就算国内无人了，也犯不着把吉备真备给请出来，要知道老爷子当年都已经70岁了，在那时候的日本，这种年纪能走路不用拐杖就算不容易了，更何况千军万马地白进红出呢。

但唯有孝谦上皇知道，自己的任命没有错。

吉备真备到位之后，先召集了部将开军事会议，会上，他问手下，你们怎么看？

部将纷纷表示，藤原仲麻吕带着小部分人马连夜逃出京城，说明他势单力薄心里发慌，我们应该果断集合人马，全线追击。

"首先，藤原仲麻吕出京，固然是失道寡助，但却并非害怕。"吉备真备摇了摇头，"其次，如果我们整兵一处倾巢出动追着他们打的话，赢是肯定没问题，但伤亡会很大。"

将领们不屑一顾地表示，打仗就是要死人的，不死人打什么仗？

"上兵伐谋，不战而屈人之兵，善之善也。"老爷子长叹一声，"虽然此战不可避免，但还是要尽可能地减少伤亡。"

说完，他开始排兵布阵。

"日下部子麻吕，你去把势多桥给烧了，然后带兵在那里守着，仲麻吕要是来了就将其击退，但不用深追。

"佐伯伊多智，你用最快的速度带兵赶往越前（福井县），把越前守砍了之后再南下爱发关，一定要守住那里。

"你们切记，如果碰到乱军，只要把他们打退，千万不要去追，各自守好自己的地盘就行，老夫会亲率主力人马从琵琶湖东侧绕至三尾，然后在那里和藤原仲麻吕决战。"

势多桥就是日本三大名桥之一的濑田唐桥，位于今天的滋贺县内，琵琶湖东南端，相传建造于垂仁天皇之子景行天皇治世时期，是连接京都东部与南近江国（滋贺县）以及美浓（岐阜县）等地的重要通道。

爱发关，也位于现在的滋贺县，在琵琶湖东北，是古时候近江国与越前国之间的重要关隘。

三尾，即如今的滋贺县高岛郡，就地理位置上来看，它在琵琶湖中段靠西。

诚然，三个地方都是战略要地，但诸将领们仍是不明白，这和打藤原仲麻吕有什么关系，天下关隘要道多了去了，难不成仲麻吕偏偏得走一南一北的势多桥和爱发关，最后再回到三尾来决战吗？

但吉备真备却是一脸的不容置疑，表示兵贵神速你们赶快各就各位，真要出什么问题老夫在上皇那里担责任就是。

这边大伙儿怀着将信将疑的心态出发了，那边的藤原仲麻吕带着那六百人马先是一路逃到平城京正北的宇治，也就是今日京都境内，接着，果然是一路向东，来到了琵琶湖南的势多桥，想要过桥去南近江。

但他却发现桥已经被烧毁，正在犹豫中，只听得喊杀声震天，日下部子麻吕率领伏军杀出，双方大打出手，但仲麻吕并不敢恋战，调头从琵琶湖西岸北上，准备去越前。

但是在爱发关被佐伯伊多智给拦住了，不仅如此，他还看到了越前守惠美辛加之的人头。

那是他的亲生儿子。

不得已，仲麻吕只得原路返回再度南下，在经过三尾的时候，他碰到了吉备真备的主力部队。

"我已经等候多时了。"真备说道。

这是真话，三尾是从近江走琵琶湖西畔去越前国的必经地点，所以早在藤原仲麻吕败退势多桥后北上去爱发关时就有经过那里，而那时候吉备真备其实已经到了，但却按兵不动，坐视藤原军离开，因为他知道他们肯定还会再回来。

当时吉备真备的部队总共有三千多人，并且士气高涨还以逸待劳，而另一边的藤原军这会儿已经被接二连三地杀得只剩下三四百人，同时不仅军容不整，还疲惫不堪。

所以这是一场没有任何悬念的决战。

藤原仲麻吕大败。

兵败之后，他跳上了一条小船，沿着琵琶湖一路游荡，此时他身边只剩下了三四个人，其中还包括了他老婆，所以想接着打是肯定没希望了，几个人只能商量着先找个地方躲起来，留了这条性命之后再做打算。

正在船上说着事儿呢，只听得远处传来一声大喝："船上的可是叛贼惠美押胜?!"

惠美押胜是藤原仲麻吕在天平胜宝年间给自己改的名字，意为"施美丽和恩惠于百姓，将一切政敌镇压（押）后取胜"，因为太过拗口以及太非主流等原因，我在文中一直没用。

再说那仲麻吕听得有人喊，连忙循声望去，看到了一艘正朝着自己开来的大船，船上站满了士兵。

他知道这是冲着自己来的，于是连忙摆手否认，说我就是个路过的。

"叛贼还敢否认，早认出你来了！"一个士兵跳上了仲麻吕他们的船，拔出腰间砍刀，照着他的脖子就砍了下去。

仲麻吕那一年58岁。

那个士兵的名字叫石村石楯，原先真的就是个跑龙套的大头兵，结果却因为这一刀而彻底改变了人生的轨迹……

著名的藤原仲麻吕之乱就此画上了一个句号，同时被终结的，还有另一件事情。

那就是他的攻打新罗计划。

安史之乱爆发后，唐朝国力大幅度衰退，对周边国家的掌控力度也大为减弱，故而藤原仲麻吕认为，这是日本扩张势力的最佳时机。当然，本着"瘦死的骆驼比马大"这一基本原则，直接去惹大唐他是铁定不敢的，只能把目光对准了新罗。

原本作战计划都已经定下来了，没想到还没动手自己就被干掉了。

现在很流行一种说法，叫白村江之后整整将近一千年的时间里，日本再也没敢打过半岛的主意，我个人认为这显然是夸大了白村江的影响，同时也是极为错误的。正确的说法应该说日本从来就没放弃过对朝鲜半岛的野心，只不过因为各种机缘巧合而在白村江之后的近千年里没机会动手罢了。

话再说回吉备真备那边，虽然打了胜仗大伙儿都很高兴，但诸将领们的心里却都一直堵得慌，因为他们怎么都不明白，这一场胜利到底是怎么来的。

庆功会上，有人实在是忍不住了，问吉备真备说，大人您怎么知道那藤原仲麻吕会去那几个地方？难道您还会算卦不成？

老爷子很淡然地笑了笑："藤原仲麻吕是近江国兵事使（764年封的），所以出了事肯定会想往那跑，既然要去近江，则必然要过势多桥，所以肯定要派兵守住那里。"

大伙点头称是。

"势多桥被烧，近江国去不了，那么仲麻吕必然会去越前。"吉备真备依然很淡定,"因为越前国守护惠美辛加之是他的儿子,然而因为事发突然,所以京城的事情当时也未必会那么快传到越前,于是我才让佐伯伊多智抢先一步去那里,先下手杀掉辛加之,再扼守爱发关,不让仲麻吕北上。至于三尾,那是他的必经之路,在那里决战,最适合不过了。"

说完,老头还悠悠地背了两句书:"兵法云,知己知彼,百战不殆。"

"多算胜,少算不胜。"

那些久经沙场的战将们,顿时油然而生一股顶礼膜拜之情,犹如滔滔琵琶湖水,一发不可收拾地献上了自己的膝盖。

其实吉备真备还有一个名号,叫日本兵法之祖。当年在他带回日本的那个百宝箱里,还放着《六韬》《三略》《孙子兵法》等用兵教材,而真备自己也根据中国兵法的精髓外加自己多年读书用兵的经验写就了一本适合日本人看的兵书,叫《虎之卷》。

传说中这本书的真正传人只有两个,一个叫源义经,另一个叫武田信玄。

藤原仲麻吕死后,淳仁天皇也自然难逃悲催的命运,不但从天皇宝座上被赶了下来,还被流放到了淡路岛(兵库县内),凄凉地度过了自己的余生。

天皇没了,那就得再立一个,毕竟国不可一日无君。

天平神护二年(766年),孝谦上皇再度出山称帝,称称德天皇。

同年,吉备真备被任命为右大臣,和左大臣藤原永手一起共同辅佐天皇处理朝政。

藤原永手是藤原房前之子,藤原清河的亲兄弟。

神护景云四年(770年),称德天皇病倒了,然后就再也没有起来过。

女皇的临终应该说是相当令人伤感的,因为她身边一个人也没有,包括那个曾对她山盟海誓的道镜,在得知她无法起身后便不再在宫中露面了,连一次探病都不曾来过。

这是一个一辈子都不曾出嫁,也不曾有过自己孩子的女人,虽然她贵为天皇,却仍然是孤独的一个人。

在生命的最终,留在榻榻米旁陪着她的,只有一个人,她叫吉备由利,是吉备真备的妹妹。

藤原仲麻吕之乱后，由利便作为宫廷女官开始侍奉称德天皇，在很长的一段时间里，唯一拥有女皇寝宫自由出入权的，不是道镜，而是她。

这代表了什么，我不敢乱说。

所谓历史，其实就是挖掘真相，所谓真相，关键在于证据。

有了证据，无论你多不愿意相信，但那就是事实的真相；没有证据，无论你多么想去相信，但它依然只能是扯淡。

然而我仍然愿意去相信，在很多年前，有一位公主，爱上了她的家庭教师，她用从他那里所学到的一切治理着自己的国家，而他即便被政敌赶出京城甚至赶出祖国，却依然承诺一定会用一生来守护她和她的国家。当巨大的危机真正降临时，一生信奉不战而屈人之兵的他毅然决然地统御千军万马，拿起手中的利剑，挡在了那个自己当年曾经恍惚爱过却又最终无法相爱的女人身前，纵然年过古稀垂垂老矣，却仍义无反顾在所不惜。

当年8月，称德天皇驾崩，享年52岁。

9月，道镜被吉备真备等人赶出京城，两年后（772年）死在了下野国（栃木县），之后，他留在京城的全部亲属都遭到了逮捕，然后被流放至土佐（高知县）。

同月，右大臣吉备真备和左大臣藤原永手立天智天皇之孙白璧王为天皇，史称光仁天皇。

新天皇登基后，真备以年老体弱为由递交了辞呈，光仁天皇虽然准奏，但还是让他兼任中卫大将一职，同时保留右大臣身份。

宝龟六年（775年），正二位右大臣吉备真备病逝，享年80岁。

这是一个堪称接近完美的人，因为那个时代的日本就几乎没有他不会或者说办不到的东西，但这并不代表吉备真备的人生是毫无缺憾的，至少他从第一次遣唐留学到八十高龄去世，整整努力了近六十年，却都没能实现自己的梦想。

在这六十年里，日本更加拼命地去学习唐朝的一切，几乎已经达到了事无巨细处处以唐为标准，可日本依然是那个贫穷、混乱的日本，即便吉备真备耗尽一生精力去打造但也和六十年前一样，没有丝毫的变化。

我们明明已经从大唐那里学来了无数东西，无论是行政律法还是生产工艺，几乎完完全全就是大唐的山寨版，可为什么我们依然不能变成像大唐那样的强国？

这是包括吉备真备在内，当时无数日本官僚和政治家们一直在扪心自问的问题。

第三章　阿倍仲麻吕

· **在历史书上以神棍的形象登场不太好吧**

吉备真备因为以一介地方土豪出身最后却位极人臣，成为了当时日本政坛的一个传说，再加上这本来也确实是一个有故事的男人，所以关于他的事迹，长期以来一直都是日本说书人的至爱。

其中有两个故事流传最广。

一个是吉备真备在回国的时候，带了一个精通音韵的唐朝少年袁晋卿回国，两人在日本一起搞起了日本话改革，并且还从汉字隶书的偏旁里受到启发，创造出了片假名。

这虽然是一个知名度很高，并且还被收入进中国历史教科书的故事，但不得不说一句它并非是真实的。

片假名是历经数代日本人努力才被发明出来的文字，绝非吉备真备或是袁晋卿等一两个人就能搞定的，只不过吉备真备比较有名，在日本拥有很多顶××之祖的帽子，所以也就将错就错再多送他一顶了。

另一个故事则说的是吉备真备还在长安留学的那会儿，因为学问好名声大，树大招风地引来了一个羡慕嫉妒恨的唐朝人，把他关进了一栋小楼里要跟他决斗。

因为大家都是读书人，所以决斗也自然是文斗，具体的斗法是下围棋和对诗解诗。

并且事先有约，如果吉备真备两样都能赢的话，那么就放他走；如果赢不了，就一辈子待在楼里头。

吉备真备有点慌，因为他再能耐也没把握在围棋和汉诗的起源之地赢得一个敢以此为赛赌上自己性命的人。

事实也确实如此，两人先行的决斗是围棋，不过数招，吉备真备就落了下风。

就在这危急时刻，突然天降一灵魂，大声喊道吉备君莫怕我来助你。

吉备真备当时就被吓得一愣，缓过劲儿来仔细一看，发现这人（灵魂）原来是和自己同一期来长安留学的好朋友，再一看，发现居然还是生灵。

所谓生灵，就是人在活着的时候让灵魂出窍的招数。因为摆脱了肉体的灵魂具有很高的行动力，所以往往被一些能人异士所使用。

但同时也伴随着巨大的风险，因为一旦事后灵魂和肉体无法合拢，那就真的翘辫子了。

由此可见这位朋友跟吉备真备的关系真的很铁，不然不会冒着变成孤魂野鬼的风险来舍命相救的。

在那个朋友的帮助下，吉备真备先是赢了唐朝人围棋，接着又在对诗解诗PK中大获全胜，在赢得不能再赢了之后，吉备真备说了一句我们常见的台词："这下你能放我走了吧？"

但那个输急了的唐朝人不肯就此罢休，口称再来最后一场试炼，只要你能过了，我就放你走。

吉备真备一听是最后，于是便连连点头表示你放马过来，但一定要保证是最后啊。

唐朝人也点点头，说这真的是最后了。

说完，转身下楼然后紧闭大门，不再露面了。

他是想把吉备真备活活饿死在那栋楼里。

还是那个朋友再度横空出场，传给吉备真备一个秘术——日月封禁。

简单来讲就是把太阳和月亮封印起来，让大地陷入一片黑暗——你不放我那就等着世界灭亡吧。

那个唐朝人见状甘拜下风，只得乖乖地放出了吉备真备。

虽然这个故事很明显是个传说，但登场人物却是真的在历史上存在过的，不仅存在，而且还相当有名——我指的是那个灵魂出窍的朋友。

他就是阿倍仲麻吕，同时还有一个非常响亮的中国名，叫晁衡。

前文提到过当年吉备真备第二次入唐主要想找的那个朋友，也是他。

如果说将无数大唐经典文化带回自己祖国的吉备真备让日本盛开了一朵朵文明之花的话，那么阿倍仲麻吕则用自己的努力和人生，让中日两国之间共同开出了一朵友谊之花。

阿倍仲麻吕，也叫安倍仲麻吕，安倍仲麿。古时候日语里阿和安往往相通。

他出生于文武天皇二年（698年）的大和（奈良县），爹叫阿倍船守，是当时朝廷里的中务大辅。和吉备真备一样，仲麻吕自幼也是享誉远近负有盛名的神童，19岁就大学毕业被选为留学生，养老元年（717年），他和玄昉、吉备真备等人一起坐上了开往大唐的遣唐船。

和所有留学生一样，到了长安之后，阿倍仲麻吕先进太学读圣贤书，毕业之后又读国子学。读完国子学，其他留学生一般都不读了，趁着回国前干一些自己想干的事情，比如吉备真备，毕业后就开始读万卷书了，可仲麻吕却偏偏选择了一条前辈和同窗们都不曾走过的路——考科举。

然后他考中了。

·日本人晁衡

虽然唐代的科举还远没有后来明清时那种几乎能把人逼到发疯造反的残酷地步，可一个外国人金榜题名那依然是一件足以震动朝野的大新闻。尤其是当时的皇帝唐玄宗李隆基，在殿试的时候听到阿倍仲麻吕那一口麻溜儿的中国话就已经惊讶不已了，现在见他高中，更是觉得这人属于下国之上才，连忙召进宫中，一番亲切勉励之后，又赐其唐名：晁衡。

同时也按照规矩，封了仲麻吕一个官：正九品下太子宫左春坊司经局校书郎。

简单来说就是图书管理员。

虽然品阶不高,但还算轻松,而且听起来很有文艺气息,由此可见唐玄宗对这个日本举子还是相当喜爱的。

这并非胡言乱说,唐开元十六年(728年),仲麻吕升任八品左拾遗,三年后(731年),又官升七品左补阙,可谓是官运亨通。

唐开元二十二年(734年),717届赴唐留学生集体学成归国,吉备真备、玄昉等人都踏上了回家的大船,但晁衡却并没有跟着一起走,而是选择了留下。

后世的一般说法是由于唐玄宗的挽留,从而使得晁衡盛情难却,不得已之下留在了长安。

这属于贴金。其实当年李隆基留了很多人,吉备真备跟玄昉也被留过,玄昉还被赏了紫衣袈裟,却照样说走就走,头也不回。实际上晁衡之所以要留下,是因为当时他前途一片大好,很有可能成为大唐史上唯一的日本高官,尽管回国后也有荣华富贵,但日本的荣华富贵毕竟是日本的荣华富贵,跟唐朝的一比,差距就很明显了。

此事让当时日本的圣武天皇相当震怒,毕竟留学生的任务就是学成之后回国报效,结果阿倍仲麻吕却因为个人原因而滞留长安,这要成了榜样,以后的留学生岂不是都不肯回来了?这遣唐使还派不派了?

于是天皇决定杀鸡儆猴,先剥夺仲麻吕的家业,顺便再连坐一下他的家人。

好在吉备真备竭力劝阻,表示人各有志不能强求,更何况仲麻吕留在长安也未必是坏事,至少有他这么一个联络员在,以后我们跟大唐打交道岂不是会方便很多?

圣武天皇觉得此言有理,这才收回成命,放了阿倍家一条生路,而晁衡也得以能继续安心地在大唐做他的官。

在当官的同时,他还相当喜欢参加社会活动,比如诗友会、茶话会以及问难。

问难,用今天的话来讲就相当于学术研讨辩论会,这个不但对学术能力有很高的要求,同时对参加者的语言表达能力也是一大考验。

作为外国人的阿倍仲麻吕,不仅积极参与这种连中国人都不怎么太会玩的游戏，而且还玩得非常好，经常客场大胜，把对面的唐朝书生说得哑口无言。

久而久之，名声也就出来了。

当时正值盛唐，经济发达社会繁荣自不必说，文化界也是百花盛开人才辈出，晁衡作为圈中一匹新出道的黑马，他的大出风头很快就引起了诸位大腕儿的密切关注。大家一开始先是试着邀请他参加各种颇具文艺范儿的筵席聚会，并在台面上一起吟诗作对，本以为这个日本人在这种场面一定会怯场，不承想晁衡才高八斗素质过硬，即便高手云集也照样坦然自若地出口成章落笔生花，这让大腕儿们又惊又喜，顿感来了圈中同道，再一接触，发现这人不光有才，而且还风度翩翩性格豪爽，确实是一个很值得一交的家伙。

就这样，晁衡跟中国历史上最著名的那一拨诗人混在了一起，而且彼此间还处得相当好。或许他还跟李太白一起上过胡姬酒肆，也跟着王摩诘一块儿在竹林下偷瞄过人小姑娘洗衣服。总之，大家都很喜欢他，不把他当外人。

这样的日子一过就是二十来年。

天宝十一年（752年），藤原清河率遣唐使团来到长安，也就是吉备真备的第二次来唐。在这次友好交流活动中，晁衡被玄宗任命为接待事务的总负责人。

其实当年真备说的没错，留一个人在长安终归有好处。

晁衡在见到大使藤原清河后，也不急着问问家乡父老怎么样，而是把唐玄宗的生辰八字爱好口味给透露了个遍，所以当清河面见玄宗时，每一句话都说得有礼有节恰到好处，让李隆基连连笑而称善，不仅大赞日本是个人才众多有君子之风的国家，还让晁衡带着藤原清河去府库和三政殿参观，同时又叫人把清河与吉备真备两人的相貌画下装订成册，收藏于宫中。

第二年（753年）元旦，唐玄宗照例是在皇宫里召开了新年宴会，同时有各国使节到场庆祝。

由于这毕竟也算是一种正式的外交场合，所以一切都很有讲究，包括主宾之间的座次，东道主唐朝皇帝肯定坐上首席，然后一左一右两张次席分别叫作东次席和西次席，东比西高。

通常东次席坐的是新罗，西次席坐吐蕃，然后日本的位子是在西三席，也就是排行老四。

这本来是多年惯例，结果藤原清河一看却抗议上了，表示日本的地位不能比新罗低，要求换座位。

这是强人所难，因为比新罗地位还高的席位只有东道主坐的上首席，除非新罗肯换位子给你，不然你真想比他们更拉风那就只能把唐玄宗给赶下来自己坐龙椅去。

面对如此突发事件，玄宗转头就问晁衡：怎么办？

晁衡说藤原清河大老远来一次也不容易，就让他们跟新罗换个位置吧。

虽然新罗使者内心是一百个不情愿，但谁的地盘谁做主，不得已，只能乖乖地把东次席给让了出来。

这就意味着从此以后，天下最强的大唐帝国座下的头号小弟，或者说是最亲密的盟友，不再是新罗，而是日本。

换言之至少在整个亚洲圈里，日本已经坐上了第二把交椅。

显然，这是晁衡的功劳。

·月不西沉

见完了皇帝，争完了座次，又安顿好了留学生，眼看着这一次的遣唐使功德圆满就该回家了，吉备真备突然跑到了晁衡家，说仲麻吕君啊，你在长安爽够了没？爽够了就跟着我一块儿回日本吧。

前面说了，吉备真备这次跟团来长安还有一个原因是在国内被藤原仲麻吕打压得够呛，想出国散散心外加找个可靠的盟友回国一起对阵藤原家。

晁衡想了想，答应了。

不光是为了帮朋友打天下，更主要是因为这一年他都五十多了，家中尚有老母在世，如果这次再不回去，估计就不能尽孝了。

虽然唐玄宗很舍不得，但还是放行了。

同样舍不得的还有文艺圈中的好友们，大家一起凑份子给开了一场送别会。

都是文化人，吃吃喝喝之余也免不了要赋诗作词以为烘托。

第一个登场的是晁衡本人，他率先赋诗一首：翘首望东天，神驰奈良边，三笠山顶上，想又皎月圆。

一片掌声之后，唐朝有人也纷纷挥毫泼墨，赋诗送别。

其中王维作了《送秘书晁监还日本国》，以示两人之间的深厚友情：积水不可极，安知沧海东。九州何处远，万里若长空。向国唯看日，归帆但信风。鳌身映天黑，鱼眼射波红。乡树扶桑外，主人孤岛中。别离方异域，音信若为通。

不光有诗，王摩诘还写了一篇序，叫《送秘书晁监还日本国序》，文中先是歌颂了晁衡的各种高风亮节，然后再大赞一番日本："海东日该国为大，服圣人之训，有君子之风。"

最后总结表示唐日两国一衣带水，友谊地久天长。

晁衡听后，大为感动，当即回赠一首《衔命还国作》：衔命将辞国，非才忝侍臣。天中恋明主，海外忆慈亲。伏奏违金阙，骖骖去玉津。蓬莱乡路远，若木故园林。西望怀恩日，东归感义辰。平生一宝剑，留赠结交人。

该作后来被收入进了号称北宋四大部书之一的《文苑英华》中，也是唯一入选该书的外国人作品。

一篇《衔命还国作》，把欢送会的气氛推向了高潮，但天底下没有不散的筵席，该走的终究还是要走的。

在朋友们带着哭腔的再见声中，晁衡缓缓地和藤原清河一起登上了船。

船起锚了……

越开越远，越开越远……

然后沉了。

且说船队在海上没开几日就碰见了大风暴，吉备真备的那艘船被吹跑了，但没沉；而晁衡跟藤原清河的船则在风暴过后就再也没了踪影，中国海上找不到，日本海上也看不见，所以想必是沉了。

消息传回长安，举城悲怆，小圈子里更是哭声一片，李太白挥泪写下四句诗：日本晁卿辞帝都，征帆一片绕蓬壶。明月不归沉碧海，白云愁色满苍梧。

这就是著名的《哭晁卿衡》。

诗中把晁衡比作明月，用天地变色来形容自己的悲痛，可见两人友情深厚，着实是一对好朋友。

就在长安这边哭天抢地连唐玄宗都恨不得给他弄个国葬时，那边却弱弱地发出了一个声音："我……我还没死呢……"

晁衡没死。

这小子命大，当日狂风卷来时，船并没有沉，而是一路南漂被冲到了越南，本来以为老天开眼命不该绝，结果刚一上岸，只听得一声梆子响，四下里杀出无数土著，随行一百来号人几乎被杀了个精光，幸存下来的只有晁衡、藤原清河等寥寥数人。

拼命逃出虎口的晁衡他们头也不回地就往北跑，长途跋涉了两年，才又重新回到了长安。

圈子里的同志们一看哥们儿居然没死，就是晒黑了饿瘦了而已，不禁欣喜万分，也顾不得追究他装死欺骗群众感情的事，一群人一起再度欢聚一堂，赋诗奏乐找胡姬以表庆祝。

然而好景不长，就在晁衡大难不死的当年，安史之乱爆发，长安被乱军攻占，唐玄宗不得不逃往四川避难，晁衡也随行去了蜀地。直到两年后（757年），一行人才结束了逃难生活，重新又回到了京城。

一般来讲，一国之君在历经大苦大难之后所做的第一件事，往往总是犒赏和自己共患难的臣子们，这次也不例外。

对于陪着自己逃去四川的大臣们，玄宗基本上都给升了官，然后轮到晁衡时，皇上因为一时间也不知道该派给哥们儿个什么差，于是就在那里琢磨着，想了半天，一拍大腿："晁爱卿，你不是去过安南么？"

晁衡点点头说，回禀圣上臣确实漂去过安南。

"那就封你个安南都护，安南节度使吧。"

安南都护安南节度使就是当时越南地区的最高军政长官，正三品。

当然，鉴于当年在那地方所遭遇的不愉快经历以及安史之乱后唐朝对边疆地带控制力的减弱，所以晁衡终究也不过是顶了个官名拿着一份薪水罢了，并没有实际去那里上任过。

之后，各种缘由，使得他再也没能回去日本，一直留在了大唐。

唐大历五年（770年），晁衡病逝于长安，享年72岁。

他死后，被朝廷追封为潞州大都督，从二品。

很多人都觉得晁衡这个人要是生在中国的话，就凭他这点吟诗作赋的小能耐，能不能混到个七品县令都还有的一说。这倒也不是有意贬低他，因为谁都可以去翻史书，看看晁衡这一辈子，作为一个大唐的官员，到底有没有做出过值得封他三品顶戴的政绩来，或者说他这一辈子有没有做出过什么正儿八经的成绩来。

其实有，那就是他用自己的一生，促进了两国的交流增进了两国的友谊。

因为晁衡这个人的存在，使得中日两国之间的关系进入了数千年来的第一个黄金期，日本人当然仰慕大唐，而唐朝人也同样敬重并喜爱日本，至少在那个时候，双方确实都认为彼此是真正意义上的兄弟之国。

如果要用什么来比喻中日两国之间关系变化的话，我想莫过于天上的月亮了：有时候月圆，有时候月缺，有的时候甚至还会被完全遮挡起来让人连一点光都看不到。

然而无论阴晴圆缺，那一轮明月却永不会西沉。

所以无论是三品安南都护安南节度使还是二品潞州大都督，这绝非是单单一个给晁衡的官位，而是大唐朝廷对这个日本人本身以及对他为唐日两国所作出的一切的一种肯定，更是对唐日之间友谊的一种肯定。

而在日本的史书里，对阿倍仲麻吕是这样评价的：以一介日本人的身份却能在大唐名垂青史的，纵观三百年来唯有两人，一曰吉备真备，一曰阿倍仲麻吕。

礼乐传来启我民，当年最重入唐人。

在本章结尾之前，我们有必要再来扯一件事：其实吉备真备和阿倍仲麻吕之间的交情真心相当深厚，所以在知道朋友无法回国得长留大唐之后，真备便特地把一本原先准备献给天皇的书当作礼物给了阿倍仲麻吕的家人。

这不是一次简单的送礼，你得明白，抛弃了使命独自留在大唐的仲麻吕，在天皇眼里属于逆贼，他的家产领地要不是吉备真备在那里拼死求情早就被没收了，在这种时候还敢把给皇上的东西转送给逆贼家属，不但需要交情，更需要勇气。

那本书的名字叫作《金乌玉兔集》。金乌就是太阳，玉兔则是月亮，连一块儿实际上就是"阴阳"。

阿倍家的人把这本书奉为传家宝，代代相传，并要求每一代人都刻苦研读，早日领悟其中精髓。

后来真有一个孙子将此书完全融会贯通，成为了一代阴阳师。

他的名字叫作安倍晴明。

第四章 鉴真

·从前有座山，山上有座庙

日本人晁衡在长安的活跃与种种传奇让很多中国人对日本这个东邻产生了极大的好感，尽管明知道日本的物产肯定没有大唐丰富，生活质量当然也不会有大唐高，但依然有不少人愿意去那里走一走，看一看。

还有一些人则觉得日本是兄弟之邦，应该为兄弟做些什么。

话说在大唐的扬州，有一座大明寺，寺里有个和尚，叫鉴真。

他俗姓淳于，扬州江阳县人，14岁时出家当沙弥，得法名鉴真。

唐神龙元年（705年），17岁的鉴真和尚正式受戒，之后游学于长安、洛阳等地，22岁时便已经成为了一名精通佛法的律宗僧人。

律宗就是以戒律为立宗原则的佛法门派，重视从内心巩固和发展"止恶兴善"的作用，内部又分为南山、相部、东塔等派别。鉴真本人属于南山律宗，不过他同时也研究法相宗跟天台宗，涉猎相当之广。

25岁时，鉴真结束了游历生涯，回到家乡扬州，进了大明寺当和尚，经过20年的刻苦努力，在开元二十一年（733年）时成为了大明寺方丈，同时也是当地的佛门领袖。

后面那句话不是唬人的，因为当时在鉴真手底下受戒的信徒高达4万多人，所以他也被誉为"江淮之间，独为化主"。

本以为一辈子就这么安安静静地过了，但没想到还是意外地轰轰烈烈了。

唐天宝元年（742年），两个日本留学僧来到了大明寺，一个叫荣睿，一个叫普照。

两人是奉了圣武天皇以及舍人亲王之命，以留学僧学佛法的名义来到大唐物色得道高僧的，目的是为了将其聘请回日本，主持佛教工作。

之所以要请外来的和尚，倒也事出有因。

此时的日本，虽然有佛经，有寺庙也有和尚，同时还不乏高僧，但却没有正规的戒律和宗派。

我们都知道，通常你要当和尚的话，得受戒法之后才能成为正式的僧尼，但日本当时压根连戒律都没有，所以自然就无从谈起受戒二字了，基本上只要有个师父肯带你，你就能当和尚。最狠的是后来许多人干脆连师父都不要了，直接自己悟道，悟出来后再剃个光头，那就算是僧人了，专业术语叫作"自誓受戒"。

这种情况造成的严重后果就是产生了很多佛门败类。

但更糟糕的还在后面。

自圣德太子起，日本就是个敬佛之国，对于出家和尚，朝廷有很多优惠政策，比如免除课税。所以很多农民为了逃避沉重的山寨租庸调制度，从而选择了自行出家当和尚，反正没戒律，即便光着头也照样能喝酒吃肉耍流氓，跟原来没有任何区别。这种不良行径直接导致了大量的劳动力流失以及社会风气败坏，但奈良朝廷却一筹莫展，因为他们也不知道该怎么来控制这日益增多的光头党人数。想来想去，最后得出的结论就是把"真正的佛教"引入日本，用正统的戒律来清洗目前混乱的日本佛教界，把那些不合格的和尚赶回去继续种地。

再说那荣睿、普照两人到了大唐之后，四处打听各种筛选，最终认定，只有扬州大明寺的方丈鉴真，才是能够真正拯救日本佛教的救世主。

说白了就是想挖他的墙脚。

不过，在听明白对方的来意之后，鉴真却答应了他们的邀请。

其原因本章开头就说过了，当时中国和日本之间的往来交流相当频繁，两国的人都对对方有着很大的好感，其实早在荣睿普照两人来大明寺之前，鉴真就和遣唐使中的留学僧接触过，也听说过有个叫阿倍仲麻吕的日本人不但高中进士还当了大唐官员，尽管那会儿还没考虑过去不去日本这种事情，但鉴真本人对日本以及日本朋友的好感却是真的。

所以现在既然日本那边需要自己去普度众生，传播正统佛法，那无论是出于个人对日本的好感还是出于一个佛门弟子的责任，都是有必要去走一遭的。

当然，不管怎么说这也是大事，不能随随便便说走就走，所以在某天晚上吃过饭后，鉴真召集了全体弟子开了一个会，主要讨论去日本的事情。

会上，老和尚本人先表了态，说自己为了弘扬佛法，以及履行答应日本友人的承诺，决定亲自前往日本，普度日本人民。

然后问道，有谁愿意同去的？

底下很安静，没有人说话。

弟子们知道，自己的师父是一个言出必行的人，今天敢当着那么多人的面说要去日本，那肯定不是在开玩笑。

可关键是日本并不是那么好去的。

·大唐很好来，日本很难去

首先，唐朝时代朝廷对于民众出海出国有着很严格的规定，一般没有上头许可，是决不允许迈出国门一步的，违者一律依法严办；其次，所谓去日本传播佛教这个想法，并非是鉴真首开先河，早在他之前，就有大唐高僧道福、义向、圆载等三四人坐船出海，目标日本列岛，但却清一色地被那汹涌的海浪波涛给夺去了生命。

所以众弟子认为，于公于私，去日本都不是一个明智的想法。

其中，有个叫祥彦的说道："日本实在太远，路途也太艰难，真要去的话，那简直是九死一生，我觉得完全没有必要去冒那个险。"

这种事一般有了开头的接下来也就好说话了，继祥彦之后，大伙你一言我一语七嘴八舌地说了起来，但不管说什么怎么说，宗旨却只有一个，那就是希望老师放弃去日本的念头。

第四章　鉴真

鉴真只是静静地看着众人，微笑着，一句话也不说。

等所有人说着说着发现没啥好说了于是又重归安静了之后，他才缓缓地开口道："既然大家都不愿意去，那么就算了吧。"

弟子们长长地松了一口气。

"那就贫僧一个人去吧。"

说这话的时候，鉴真仍是一脸的微笑，但眼睛里却闪烁着看起来很帅气的坚毅光芒。

这天会议结束时，全场40名弟子全都表了态，异口同声地表示愿意同师父一同前往日本。

一场偷渡计划就此开始了——这是废话，再怎么样唐玄宗也不可能让一个寺的和尚都出国啊，更何况鉴真还是整个江南地区的佛教领袖。

天宝二年（743年），鉴真率弟子21人，日本留学僧4人，以去天台山考察为名，拿了当朝宰相李林甫的从兄弟李林宗的介绍信，在扬州打造了一艘出海大船。本来一切都准备停当了，结果却发生了意想不到的情况。

且说在偷渡队伍里，有两个弟子，一个叫道航，一个叫如海，然后道航跟如海开玩笑，说你修行不够，不太适合去日本。

本来这真的是一句说着玩儿的话，但没想到如海当真了，气急败坏之下就干起了卖队友的勾当，跑到衙门去检举揭发，说自己师父鉴真勾结海贼，想要攻打扬州城。

因为鉴真怎么说也是佛门名人，所以如海的这番胡言乱语当地的知县大人是肯定不会信的，不过听说老和尚造了一艘出海大船，便还是过来探个究竟。这一探自然就露了馅，于是鉴真的第一次东渡日本计划也只能搁浅了。

不过他并不灰心。

第二年（744年）1月，鉴真花钱买了一艘二手军用船，然后雇佣了80个壮劳力，一番准备之后便带着17名弟子第二次乘船出海了。

结果还没开出长江口就碰上了大浪，把船给打得漏水了。

不得已之下，一伙人只好上岸找人修理，好不容易把船给弄好再度出发了，没想到又在海面上遇到了狂风，这次船沉倒是没沉，但却被吹到了舟山群岛，整整辗转折腾了五六天，才又重新回到了浙江本省的海面上，刚刚想重整旗鼓继续一路向东，结果迎面开来了一艘巡逻兵船，只听得上面的人喊了一嗓子："你们是干吗的？"于是这一次的东渡又失败了。

好在兵船上的人久仰鉴真大名，所以并没有以偷渡罪将其法办，只是把他们送去了宁波的阿育王寺安顿。

本来鉴真是想在阿育王寺待两天之后马上接着出发的，但没想到浙江的老百姓一听说大明寺的鉴真方丈来了，于是便四面八方地跑来围观，甚至连安徽河南等地的信徒也不远千里而来，只为一睹高僧风采。

这样一来当然就不好出海了，老和尚只能留在阿育王寺开坛讲经，一直到天宝四年（745年）开春，才有了准备第三次出海的工夫。

不过这一次的计划才刚刚开始准备就宣告流产了，原因是阿育王寺的和尚们担心此时已经快要60岁的鉴真这么来回折腾身体受不了，所以提前通知了官府，把老和尚给拦在了寺里。

第四次跟第三次的遭遇差不多，还是在当年，鉴真带着30多个徒弟从阿育王寺出发准备从福建走海路去日本，然后还没出浙江就被官兵拦住了，原因是鉴真的弟子灵佑担心师父年纪大了，长途跋涉会有危险，苦劝官府前往阻拦。

一连四次失败，虽然鉴真仍是没有丝毫放弃的打算，不过因为两三年里出海四次实在太招摇，故而他决定先低调地在扬州过几年安生日子，等风头过了，官府不再惦记他了的时候，再去日本。

这风头一避就是3年，天宝七年（748年），鉴真率僧人14名，水手35名，自福建出海，开始了第五次东渡。

为了避免像之前那几次被风浪打沉船只这样的情况，一伙人先跑去了舟山群岛待机，一直在那里待到了当年11月才重新出发。但没想到的是仍旧碰上了强风，一船人在海上漂了整整14天才看到陆地，等上岸之后，蓦然发现自己已经漂到了海南岛。

四次东渡四次失败但仍不改初衷的鉴真，在第五次失败后，终于动摇了。

不过他并非是灰心丧气后悔东渡，而是因为海南岛离天竺很近，所以鉴真一度怀疑这是不是佛祖在暗中指点，要他去佛教的发源地深造。

但很快这个念头就被放弃了，因为就在天宝八年（749年）刚入春的时候，荣睿因长途劳累外加水土不服而一病不起。

临终前，已经看出了鉴真正处于犹豫中的他，流着眼泪恳求老和尚无论如何也请去日本，鉴真点头答应了。

这不是临终关怀，而是真正的承诺。

同时他还立下了誓言："不至日本国，本愿不遂。"

很多徒弟都觉得这个誓言立得很不是时候，因为此时已然62岁的鉴真刚刚大病过一场，虽然经过救治生命没什么大碍，可是老和尚的视力却大受损害，险些到了失明的地步。

但在送走了荣睿之后，鉴真毅然决定北上先回扬州，然后准备第六次东渡。

·鉴真东渡

或许是连佛祖都被这种执着所感动，所以他派出了"天使"前来助一臂之力。

天使就是老熟人，晁衡。

话说鉴真阴错阳差周游了大半个大唐只为了东渡日本的事情很快就在全国传开了，身为日本人的晁衡听说之后自然是非常动容，恰巧天宝十二年（753年），日本遣唐使团来到了长安，其中的副使恰好是跟晁衡当年"一起扛过枪一起分过赃"的好朋友吉备真备，所以他找到了真备，说起了鉴真的事情，问问对方有没有什么办法。

向来很淡定的吉备真备在听说了鉴真五次东渡的故事后，也显得有些震撼，他决定这就南下扬州一趟，去见一见这位老和尚。

就这样，哥俩来到了大明寺。

晁衡是个诗人，诗人总是容易感动的。虽然此前已经听过了鉴真的诸多事迹，但在大明寺见到本人以及听到了更多感人故事后，哥们儿便更加激动了，颤抖着双手，用颤抖的声音当场表示自己愿意出手相助。

而伟大的政治家兼军事家吉备真备倒是非常冷静，他对鉴真表示说这事并不难办，只要唐玄宗点头答应，你再跟着我们一起回日本不就得了？

至于如何让唐玄宗点头答应，吉备真备也说了，此事同样简单，毕竟这里不还站了个皇上眼前的大红人晁卿衡吗？

本来还挺激动的晁红人一听这话，连忙摆手说干不了。本来还有希望，但现在根本不行，因为唐玄宗不久之前亲口说过，不允许一个叫鉴真的和尚去日本。

这是真事儿，而且理由相当幼稚。话说玄宗这人比起佛教来更好道教，也曾经想跟日本那边分享自己的信仰，所以提出要往平城京送几个道士过去，但被孝谦天皇给拒绝了，因为日本人觉得日本已经有神道教了，不太需要道教，但这么一来唐玄宗就不高兴了，感到自己很没面子，作为小小的报复，特地下旨不让鉴真出国。

也就是说如果现在晁衡跑去跟皇上说这事，下场铁定是得撞南墙。

吉备真备若有所思地点了点头，然后说道："不管怎样，你还是跟皇帝说一下吧。"

晁衡实在不明白这小子想干啥，因为在他看来，既然是偷渡，那就得偷偷地干活，你要是先跟皇上说了，皇上再不准，那肯定会有所防范，到了那时候再想着偷渡，那难度就铁定得提高了。

可又拗不过吉备真备坚持，于是只能答应去找唐玄宗说说。

果然，在一行人回到长安后，晁衡刚跟玄宗提起鉴真东渡一事，便被断然拒绝了。

吉备真备得知后只是点点头，一副意料之中的表情。

然后他问和他们一同来到了长安的鉴真道："大师傅，大唐皇帝现在已经明令禁止您出海了，您打算怎么办？"

鉴真一脸的微笑："也就是说，你们不能带我去日本了，是吗？"

"如果在下说'是'呢？"

"那贫僧自己再想办法便是。"

"您无论如何都要去日本？"

"是，无论如何。"

"其实您现在有两个选择，一是由我们遣唐使团带着您偷渡去日本，二

第四章　鉴真

是回到大明寺当方丈。"

"那就劳烦你们带我去日本吧。"

说这话的时候，他仍是微笑着。

吉备真备却是一脸的庄重严肃："您放心，我们一定会带着您去日本的。"

其实他当然知道唐玄宗不会让鉴真出国，但还是让晁衡去问了，为的是要一个明白清楚的答案回来。如果鉴真在明知皇上不让他走的情况下仍是坚持要去日本的话，那么为了报答他的这种真诚和对日本的感情，遣唐使节团即便是违背了某些外交规则和惯例，也有责任把这个和尚带去日本。

说实话，外交使节团帮助当地国民偷渡，这无论在哪朝哪代哪国哪地都是头等大忌，但对于吉备真备而言，鉴真值得让他犯一回忌。

当年11月，遣唐使团坐船离开了大唐，也就是之前说的大家挥泪送晁衡的那次。

因为晁衡的朋友实在太多，走到哪儿都是一群群的，考虑到万一这些朋友上船相送，然后再万一撞见了鉴真那就麻烦了，所以吉备真备特地安排晁衡与大使藤原清河坐一条船，而自己和老和尚共乘另一条船。

后来的事情你也知道了，船开到一半碰上了大风暴，晁衡他们被吹到越南去了，而吉备真备跟鉴真等人则被刮到了一个岛上。

这是一个不知名的小岛，船上的经验丰富者也只能凭借着周围环境大致判断出它的地理位置应该在萨摩（鹿儿岛县）靠南的海域。

就在这个时候，鉴真看到了岛上的土著正对着一尊刻得相当粗糙的石像行跪拜礼，于是佛心顿起，捡起一根树枝就跑了过去，用简单的手势跟沙画和当地土著开始了交流，想问问他们拜的是哪位佛。

但土人摇了摇头，他们并不知道何谓佛。

鉴真指了指那个石像，问道这是何方神圣？

土人回答："阿儿奈波。"

后来在鉴真所著的《唐大和上东征传》一书里，那地方便被叫成了阿儿奈波。

再后来被日本人给翻译成了假名，写作おきなわ。

再再后来到了江户时代，大学者新井白石把那四个假名切换成了相对应的汉字，因为在日语中，おき能被写作冲，而なわ通常写为绳，所以连起来，就变成了冲绳。

明治年间废藩置县将此地改名冲绳县，其来源正是此处。

·天平之甍

离开冲绳之后，一行人一路北上，终于在12月20日踏进了日本地界，来到了萨摩，第二年（754年）的2月4日，鉴真和尚抵达了平城京。

他受到了最盛大的欢迎，孝谦天皇，圣武上皇，藤原仲麻吕等核心人物亲自前来将其接进皇宫并设宴接风。

其实本来以好佛崇佛而著称的光明皇太后也要出场的，只不过当时她正值病重，全日本的名医们清一色束手无策，故而只得躺在床上静养，顺便依靠自己本身的免疫能力和病魔作斗争。

鉴真在听说了这个情况之后，便立刻主动要求在饭局之后去给太后看病。

对此没有任何人反对，因为包括天皇上皇在内，所有人都想看看这个老和尚到底有什么能耐。

在一番望闻问切后，鉴真开出了一张药方，方子的具体内容如今已然不得而知，只知道那一剂药下去之后没几天，光明皇太后的病就好了。

一时间朝野震撼，整个平城京无人不将鉴真视为神人。

日本天平胜宝八年（756年），孝谦天皇下圣旨，封鉴真为大僧都，统领全日本的佛教事务，主要负责规范僧众戒律，同时天皇亲自请鉴真为自己受戒，以为全国榜样。

虽然获得了莫大的荣誉，但鉴真却第二次动摇了。

而且这一次是真正开始反省甚至后悔东渡日本一事了。

原因就出在他的工作内容上。所谓的规范僧众戒律，具体讲来就是要鉴真带头想办法杜绝那些以出家做和尚为幌子实际上想逃税漏税的不法之众，为此，孝谦天皇还专门下了一道圣旨："自今以后，传授戒律，一任和尚。"

第四章 鉴真

明面上，朝廷是在极力推广鉴真的精严戒律，但实际上是想通过戒律来提高成为僧人的门槛，从而达到减少僧侣数量，避免劳动力流失的目的。

其实本来这也没什么，但鉴真却觉得这种行为的本质根本等于是在利用自己为国家增加壮劳力，佛门之人被人打着佛门的招牌利用，显然是不会太高兴的。

据说因此鉴真曾一度想到要回国，但这显然是太过不现实，毕竟都快70的人了，根本就没有精力再这么来回折腾，于是也就只能随遇而安地作罢了。

就在迷茫和犹豫的时候，光明皇太后突然只身来到了寺里拜访了他，然后带他去了自己为穷人开设的澡堂，为孩子们开的悲田院以及那个临终关怀机构。

"大师您所看到的这些人，在我的感化之下全都一心向佛，但他们没有一个是和尚。"当那一天的参观结束了之后，光明皇太后这么对鉴真说道。

"您的意思是……？"

"大师难道不觉得所谓的普渡众生，并非仅限于僧侣吗？"

鉴真顿悟了。

一直以来，他对日本朝廷对自己的利用耿耿于怀，却忘记了自己来日本的初衷。所谓普渡众生宣扬佛法，跟对方是不是和尚又有什么关系？既然没有关系，那么用戒律来提高成为僧人的门槛又有什么错？如果没错，那么又为什么要犹豫动摇？

摆脱了迷惘困惑的鉴真开始依照孝谦天皇的意愿，着手改造起了日本佛教界。不过最终他还是根据日本当时的国情，说服天皇认可了"自誓受戒"的情况，当然，也不能无条件地自誓，根据鉴真制定的规矩，即便是自己给自己受戒，也必须要有三师七证，即僧尼受具足戒时，戒场必须要有得戒和尚、羯磨和尚、教授和尚这三师外加七名作为见证的僧人。

在鉴真的努力下，日本终于建立起了最初的戒律制度。

天平宝字三年（759年），淳仁天皇将已故的新田部亲王宅邸赐予鉴真，当年，鉴真和他的弟子们就在王府的地盘上盖起了一座寺院，还得了天皇的赐名，曰唐招提寺。

与此同时，淳仁天皇还下旨一道，要求全日本的僧人在受戒之前，都必须去该寺学习戒律，这使得唐招提寺就此成为了当时日本佛教界的最高学府。

之后，朝廷又封鉴真为传灯大法师。

而在民间，大家则都称他为天平之甍。

天平就是日本奈良时代那一系列以天平开头的年号，包括天平年、天平胜宝年、天平宝字年等，大致涵盖了公元729年到765年这三四十年。

甍，指的是屋顶。

也就是说，鉴真是天平年间日本文化界最高峰的象征。

这绝不是夸张。

如果你以为这老和尚就是一个类似于唐三藏的普通得道高僧，那就大错特错了。事实上他对日本的贡献远不止宗教一样，保守讲来，至少包括了医学、建筑、书法和雕塑这四个方面。

我们一样一样地来说。

先是医学，除了刚到日本妙手回春给光明皇太后治病外，鉴真还在日本大力传播了中医学，所使用的宣传资料则是东汉名医张仲景所著的《伤寒杂病论》。同时，他又把麻黄、芍药、黄芪、甘草、苦参、当归、柴胡、川芎、玄参、地黄、肉桂等36种中草药带入日本并大力推动普及。此外，鉴真本人还著有医书《鉴上人秘方》，可以说是当之无愧的日本汉方医学之祖。

一直到江户时代，日本很多药店的药袋子上，都还印着鉴真的画像。

时至今日，日本人在感冒咳嗽时，还能从医院里配到葛根汤，这个普及率很高的方子正是来自于鉴真带来的那本《伤寒杂病论》。

接着来说书法。鉴真在来日本时，曾带来王羲之《丧乱帖》真迹一幅，他儿子王献之行书真迹三幅，以及其余中国名家真迹五十余卷，这对当时以及日后的日本书道都直接起到了巨大的影响，而且鉴真本人也是书法高手，曾经写过的《请经书帖》现在还存放在日本，是国宝级别的文物。

说完了书法然后来说建筑。跟着鉴真一块儿来日本的弟子中间，很多都是搞建筑的技术人士，那座著名的唐招提寺就是他们和鉴真一起设计监工并且建造完成的，寺内的大堂，也称金堂，坐北朝南，阔七间，进深四间，三层斗拱式形制，是座单檐歇山顶式的佛堂，被誉为整个奈良时代最大最美的建筑之一。这金堂不光漂亮，而且还牢固，历经一千两三百年的风风雨雨仍然屹立不倒，并且还成为了现如今世间罕有的保存完美的中国唐代古建筑样本。

唐文化在日本，这句话不是乱盖的。

最后再来说一说雕塑。且说中国在东晋时代有发明了一种叫夹纻法的雕塑方法，简单来说就是先用泥塑成胎，然后用漆把麻布贴在泥胎外面；待漆干后，反复再涂多次，最后把泥胎取空，因此又叫干漆法。用这种方法塑像不但柔和逼真，而且质地很轻，到了唐朝时，该技术已经达到了一个很高的水平，然后被鉴真及其弟子给传入了日本，并且用此技术制造了日本史上第一尊人物肖像——鉴真干漆像。

这尊雕像后来在昭和五十五年（1980年）时被唐招提寺从奈良请至鉴真的故乡扬州，当时全城轰动，前来膜拜瞻仰的民众超过了30万。

总之，鉴真的到来，让日本掀起了一场前所未有的文化革新。

日本天平宝字七年（763年）5月6日，一代高僧鉴真坐化于平城京唐招提寺内，享年75岁，当时的他双脚结跏趺坐，神态安详，死后三日，体温犹在。

鉴真的徒弟后来回忆说，自己的师父来到日本后，虽然也遇上过各种不快各种心烦，但却从来都不曾流露出悲伤的神情，无论是面对朝廷的大员还是普通的信徒，抑或是悲田院里的孩子们，他都永远是一副发自内心的微笑表情。

话说在昭和五十五年（1980年）唐招提寺请鉴真干漆像去扬州的那次，日本方面对于佛像在飞机上的安全标准只有一个，那就是哪怕飞机失事，也要确保其不得有丝毫的损伤。

不光光因为这是国宝，更因为他是鉴真。

第五章　桓武天皇

·平安乐土万年春

鉴真的到来，使得日本的文明再度向前迈进了一大步。可以这么说，一个鉴真给日本所带来的东西，远胜过他们搞五六次大化改新。

这并非夸张。

也正是因此，让日本人对于大唐的崇拜更上了一层楼。尤其是那些王公贵族们，坚定不移地认定什么都是大唐的好，什么都应该向大唐看齐。

话说在孝谦上皇摄政时代，朝廷曾经把所有的官制都一一与大唐对照然后起了相应的中国名（唐名），其实据说当时还有人提出不但官位要用唐名，最好人的名字也改成唐式的，好在女皇大人冰雪聪明，当场就给驳回了，不然用不了多久，整个平城京里头就该遍地走着李狗蛋了。

改名还只是其一，接下来说其二。

延历十三年（794年）10月22日，桓武天皇下令迁都，把京城从平城京搬到了山背国北部的葛野，然后把山背国改名为山城国，接着又将葛野改称为平安京。

著名的平安时代就此拉开了帷幕。

山城国就是今天的京都府，平安京大致就是现在的京都市。

就这座城市的本身而言，堪称是唐文化，尤其是唐代建筑文化在日本的极致体现。

第五章 桓武天皇

平安京的内部规划构造是严格仿造了中国的长安城和洛阳城。西侧仿长安，东侧仿洛阳，基本上就是两城的等比例仿制版，不过后来西侧废弃，因此实际上主要的市街只剩下了东侧的洛阳部分，故而人称小洛阳，在古时候的日本，去京都也被叫作"上洛"。

直至今日，"洛"都仍是京都的简称，那里不但有"洛阳交运""洛阳堂"，还有一家名为"洛阳工业高校"的学校，著名影片《御法度》（北野武主演）的导演大岛渚，正是毕业于此。

不过当时日本大都市规划仿唐并非稀罕事，几乎可算得上是惯例，国家首都更是如此。但关键在于，自打迁都平安京，在此之后的整整一千余年里，日本的首都都不再挪过地方，不管国家闹腾得多厉害，京城永远是这一亩三分地，天打雷劈海枯石烂也不动摇。

为什么？

首先，我们在前面已经说过了日本历史的大致进程，也知道日本古代的主要政治中心要么在九州要么在奈良最次也在大阪，京都那一带在那个时代尚且还属待开发地区，平安京所在的那个位置更是一片荒芜堪称不毛之地，可为什么桓武天皇偏偏就要在那里建都？

其次，从宏观的角度来看，我们不难发现，平安时代之前日本的首都其实一直在变，迁都从来就不是什么罕见的事儿，但不管迁到哪，首都就是国家的政治中心这一点却从未改变，而平安时代之后，虽然日本的首都被定格在了京都长达一千年，可国家的政治中心却并非千年不变地都在那儿，比如丰臣时代的政治中心在大阪，德川时代在江户，等等。至于京都这个地方，到了后来纯粹就成了皇城，只是一个供天皇居住的地方，虽然那地方因为半仙天皇的存在仍然是国家的首都并且颇具神圣性，但同时也不得不承认的是，在那个天皇沦为象征乃至傀儡的岁月里，堂堂一国首都却不再是政治中心了，甚至几乎称得上是和国政都失了缘。

于是问题就出来了：都这样了为什么还不迁都？

从历史经验来看，挟天子以令诸侯这种勾当很明显是应该把天子挟在身边才好掌控，可后世的很多日本实权统治者们，既没有自己跑去京都执政的打算，也似乎并不准备让天皇迁都到镰仓或是江户（当然天皇本身也不肯），这又是为什么？

换句话讲就是为什么古代日本人在国都方面会如此执着于京都这个地方？

这个理由，说得高雅一点，是因为我中华文化源远流长博大精深。

说得通俗一点，是因为那地方的风水好。

·一命二运三风水

不管怎么说，平安京的脱颖而出都和中国文化有关。

桓武天皇迁都的原因是出于政治上的考虑，他是光仁天皇的儿子，也是天智天皇的曾孙，不过在他继位之后，天智一族的力量已经非常薄弱了，虽然他贵为天子，可当时整个平城京乃至整个大和国（奈良县）里都没几个肯听他的，各路豪族各自打着各自的算盘，对中央朝廷置若罔闻，一副无所谓有无的态度。

在这种情况下，天皇就想到了搬家，预备换一个环境再换一套班子。

新都城的地点一开始被选在了山背国的长冈，也就是今天的京都府的向日市附近，那地方算是当时山背国那一片里头最繁华的了，从延历三年（784年）开始，秦氏一族就奉了天皇的旨意，在那里搞开发了。

本来迁都长冈这事儿已然是定了，连长冈的名字都被改成了长冈京，可就在桓武天皇都开始收拾细软准备开路的当儿，意外发生了。

简单说来就是在搬家前大和国先发生了一场地震，接着周围又出现了饥荒，遍地饿殍都还没来得及埋下去，滔滔洪水又席卷而来，等到洪水退下，大伙儿都以为灾难到此为止的时候，瘟疫又蔓延了开来。

和瘟疫一起四散的还有谣言，整个奈良国上到朝堂下至江湖，都流传着诸如天皇失德，没资格当天子之类的说法，一时间人心惶惶。

于是桓武天皇当然就吃不消了。众所周知，日本的天皇主要是以神威神德神道神迹服众，结果现在却弄得天怒人怨，如果不想办法来弥补的话那肯定要出大事。

所以他就问群臣，该如何是好。

大臣们很想说你问我我问谁，毕竟是天灾，你问人怎么办，人能怎么办？

就在这一筹莫展之时，正在长冈京搬砖的秦氏一族收到了风声，于是他们立刻派了个家族代表赶回了平城京，面见桓武天皇，然后告诉他说，之所以会发生这一连串的天灾，是因为妖魔作祟。解决的办法有且只有一个，那就是弃用长冈京，另寻一处风水好的地方当新首都，以镇压魔物，顺便保国泰民安皇朝万年。

天皇似懂非懂，但见那个姓秦的家伙说得头头是道，便也跟着不住地点头，一副虽然不是很明白但总觉得好厉害的模样。

他主要不太明白什么是风水。

其实风水对于桓武朝的日本而言，并非是个新概念。早在飞鸟时代，风水学说就从中国传入了日本，只不过因为列岛本土的神道教根深蒂固加上佛教深入人心，所以风水学在列岛一直都是非常小众的，传播范围非常有限，即便是奈良时代遣唐使大规模来往于唐日之间的那个时候，风水学的普及也仅限于中国移民和知唐派日本人之间，对于其他广大的日本人来讲，仍是非常陌生的一个词。

不过，作为当时屹立于整个渡来人集团之首的秦氏一族，当然是精于此道的。

他们告诉天皇，根据自己多年来的观察经验，如果真要迁都，那么新首都最好是造在葛野那里。

桓武天皇忙问为什么。

那位秦氏成员则反问道："陛下，您知道四圣兽吗？"

天皇点点头又摇摇头，表示自己听说过，但并不知道具体。

"四圣兽指的是青龙、白虎、朱雀和玄武，它们分别守护着东、西、南、北这四个方向。"

天皇说这个我懂，从飞鸟时代的时候起，但凡造宫殿，东西南北必定会竖起画有四圣兽的旗帜，用于守护。

这是实话。虽然那会儿风水学的概念普及率很低，然而四圣兽在皇亲贵族中却一直被频繁地使用着，除了上述造宫殿插大旗之外，还主要体现在权贵的陵寝里头，比如在据说是埋着天武天皇的某位皇子或是奈良时代高官的高松冢古坟和龟虎古坟中，就有画着四圣兽的壁画。

只不过，让桓武天皇感到奇怪的是，这四圣兽跟新首都的所在地又有什么关系？首都不管选在哪里，旗子不照样都能竖起来么？

秦家人摇了摇头，表示话不是这么说的："唐土的风水学博大精深，绝非仅限于插旗壁画那么肤浅。事实上风水这种东西本身就应该要跟自然地理环境相结合才能发挥出最大的作用，恕臣下直言，先代的那些插旗作画的表面功夫虽不能说是无用之举，但比起前者，终究还是差了一截。"

此言倒也不虚，就好像如今造房子，房间内部的摆设固然也有讲究，但整栋房子到底造在哪里，是靠山还是靠水，是坐北或是朝南，显然更被关注。

天皇虽然觉得秦家人的话说得挺有道理，但仍是不明白为何首都要在葛野："葛野之地的风水很好吗？"

"是的。"秦某某点点头，"之前臣已经说过，四圣兽分别守护四个方向，而与此同时，它们也都有各自的栖息之地：青龙住在川流；朱雀栖于湖沼；白虎位于大道；玄武则在山陵。葛野那个地方，青龙位上有鸭川，朱雀位上是巨椋池，西面的白虎位是山阴道，北面有船冈山，四方正好完全对应，从风水上来讲，堪称完美，所以我们秦氏一族都认为，那里才是新都城的不二候选。"

不等天皇说什么，他又接着补了一句："如果定都葛野，不仅能镇住肆虐的魔物，也能保皇家万年。"

其实秦家人说的这个概念也不是什么新奇东西，一般而言古时候你家房子若是恰巧东南两面有水，北面有山，西面是大道，那么在找人看风水的时候定然会被赞不绝口，有点本事的风水先生还能顺口吟出一首诗：朱玄龙虎四神全，男人富贵女人贤。官禄不求而自至，后代儿孙福远年。

就这样，葛野成为了新首都，并被起了一个吉祥的名字——平安京，也就是后来的京都。

当然，本着唯物主义科学历史观的态度，我们显然不能把定都平安一千年不动摇这事儿的原因仅仅归咎为单纯的风水好，事实上也的确不是只因为风水，还有其他各种原因，比如日本特殊的国情之类，但不可否认的是，在日本这个国家的历史发展过程中，很多事关国体政体的大事，或多或少地总会被烙上些许中华风的印记。

·征夷大将军

延历十六年（797年），也就是迁都平安京后的第三年，桓武天皇下圣旨，说要征讨虾夷。

虾夷就是北海道，最开始叫毛人，这个我们前面有说。

北海道这个地方，在当时的日本属于外围势力，就是名义上确系皇家领土，但时不时地就会因为各种原因而滑出版图之外。每当发生这种情况时，如果朝廷各方面条件都允许的话，那么便会派人前去征讨，而要是那几年日子过得比较困难，那也只能睁只眼闭只眼随它去了。

桓武朝的生活似乎比较滋润，所以天皇一直在打北海道的主意，从迁都平安之前就是如此，迁都之后因为很长一段时间里都挺国泰民安的，于是便更加肆无忌惮地动起了刀兵。

只不过这一回情况有点特殊，虾夷之地的首领阿弖为流，是个相当不好对付的狠角色。

此人从延历八年（789年）开始就竖大旗造反，七八年来不仅数次打退前去围剿的官兵，甚至还把势力从北海道扩张到了本州岛的东北部，故而天皇在出兵之余，也不得不思量一下这领兵大将究竟该让谁来担任。

其实这事儿本来并不新鲜，虾夷隔三岔五造反，朝廷例行公事地去剿，然后结果是"胜败乃兵家常事"——有输有赢，如果这也算事儿的话，那我们这本书就别写啥中日恩怨两千年了，干脆叫日本上下两千年得了。

事实上之所以要把单单这一回给拿出来说，主要原因有二：第一，为了本次征讨虾夷能顺利进行，天皇特地设立了一个官位，叫征夷大将军；第二，任征夷大将军的那人，叫坂上田村麻吕。

征夷大将军一职，在当时属令外官，也就是编制外的职务，而且不常设，说难听点就是编制外的临时工，但权力很大，是由天皇直接任命的军事指挥官，并且一旦被任命了，那就有全权指挥军队的自由，正所谓"将在外君命有所不受"。

这个职务的诞生其实也和中国有关，确切地说是日本学习中国后的产物。

遥想当年，日本样样都以中国为榜样，文化科技自不在话下，到最后连思想理念都没放过，把华夷思想也给搞了一回拿来主义，弄出了个日夷思想。

简单来讲就是以日本为中心，除了中国和朝鲜之外，周边四方的国家都是化外番邦，然后根据东南西北分成东夷、南蛮、西戎和北狄。

所以也就自然而然地设立了征夷将军（注意没有大）这个职务，同时应运而生的，还有征狄将军、征西将军等名字和意思都差不多的职位。

征夷将军的工作内容主要就是如名所示的那般对东夷用兵，即征伐虾夷人，所以也叫镇东将军、征夷使等。

然后到了延历九年（790年）那会儿，桓武天皇先是任命了一个叫大伴弟麻吕的人为征夷使，接着又在四年后（794年）将他的官位升级为征夷大将军，并配发节刀，命其出兵虾夷。

按理，这个大伴弟麻吕应该就是日本史上第一位征夷大将军了，但实际上话却并不能这么说。

这主要是因为大伴弟麻吕尽管拜领了节刀，但并没有真正去虾夷打仗，而是把战事都交给了他的副手（副将军）——坂上田村麻吕。

不仅如此，在第二年（795年），大伴弟麻吕还将节刀交还给了朝廷，表示自己并不适合担任此职。正好此时那坂上田村麻吕在虾夷连战连胜班师回朝，于是延历十六年（797年），天皇便将征夷大将军一职封给了他。

所以一般认为，日本真正意义上的第一任征夷大将军，是坂上田村麻吕。

这人我们前面曾经提过，乃系从中国大陆渡来的大汉皇裔东汉氏之后。他生于天平宝字二年（758年），自年少起就以武勇而闻名，长大后在近卫府任职。

大伴弟麻吕拜大将军那会儿，朝廷给他设了四个副手用于辅佐，田村麻吕就是其中之一。后面的事情前面也说了，大伴大将军临危受命却"临危放鸽子"，没去虾夷，其他的三名副将也紧跟领导留在了京城，唯独坂上田村麻吕独自一人率兵出击，并大破虾夷反军，名震朝野。

正因为这场战绩，再加上大伴弟麻吕交还节刀撒手不干，所以天皇便封了田村麻吕为征夷大将军，同时，也要他做好准备再度出击虾夷，以期彻底剿灭阿弓为流。

延历二十年（801年），田村麻吕再度出兵东北（日本），并且再度大获全胜，生擒反军士兵五百余人，这其中还包括了阿弓为流本人。

一个折腾了大家伙儿十几年的心腹大患就这么被除掉了。为了表彰坂上田村麻吕的功劳，天皇决定把原本只是临时职位的征夷大将军一职作为终生荣誉称号封赏给他。

所以一直到弘仁二年（811年）他去世，田村麻吕都一直顶着征夷大将军的名号。

不仅如此，因为各种能打各种勇猛，所以他也被后世的日本广大群众尊为武神。

·武士之祖

延历二十五年（806年），桓武天皇驾崩，传位于长子安殿亲王，称平城天皇，改元号大同；平城天皇在位3年后，把皇位让给了同母弟弟神野亲王，然后自己当起了上皇。

神野亲王称号嵯峨天皇，是一名里程碑式的人物。

一般来讲，平安时代给人的第一印象是四处散发着文艺气息的一段岁月。在那个年代，京城的贵族青年男女们其乐融融地吟诗作赋，写字作画，结伴出游，观花赏月，甚至连偷情，也能被最曼妙的词汇描述得无比罗曼蒂克。

这种往好了说叫温馨浪漫往难听了讲叫安乐糜烂的风气正是由嵯峨天皇开创的。

这个人虽然也不能说是无所谓权位，但比起国家朝政来，他显然更喜欢花鸟风月，特别是中土大唐的花鸟风月。

嵯峨天皇是一个很标准的文艺青年，能画画，能写诗——当然是汉诗，除此之外他还将日本原有的花道和大唐的花道相结合，创造出了一个新的插花流派，名为嵯峨御流。

更难能可贵的是，这位嵯峨天皇还写得一手好字。当时日本书法造诣最高的有三人：空海、橘逸势和嵯峨天皇。他们被合称为书道三笔。

或许有人会觉得当皇上的整天吃饱了没事干，练几个字练出了境界也没甚了不起的，但你得明白，首先嵯峨时代的日本书法写的都是汉字，其次，那"三笔"里头的"两笔"，都是去过大唐的遣唐使。

正所谓上有所好下必甚焉，在嵯峨天皇的带领下，平安京乃至日本全国都掀起了一股以效仿大唐为高的风潮。具体表现为大小贵族们写唐诗说唐话画唐景，以及建筑、雕刻全面仿照唐式，教育体制也无限靠近大唐，甚至连学生用的教材，都是原装唐朝进口，最不可思议的是，当时日本贵族学生们学的历史，并非本国史，而是中国史。

这被后世称为弘仁文化，基本上可以算是日本效仿大唐最甚的一个时间段了。同时，诸权贵们也借着学唐仿唐的机会，大兴唐朝的各种娱乐，一时间，整个上流阶层都充满着享乐安逸的空气。

此外，这位能写会画且享誉文坛的嵯峨天皇还有一个不算特长的特长：特别能生。

据不完全统计，这位天皇活了56岁，子女却至少有49名，平摊下来基本上是以每年一个的速度量产着自己的后代。

这种不计后果的做法直接导致了子女过多活活地把皇家给吃穷了，无奈之下，天皇只能分出几个儿子，取消他们的皇室身份让其改姓其他并独立门户，以减轻财政负担。

其中，有一拨皇子皇孙姓了源，分别叫源信、源常、源融，等等。

然后嵯峨天皇的弟弟大伴亲王，后来也当了天皇，叫淳和天皇，他有个儿子叫高栋王，也被取消了皇籍并赐予臣姓，姓平，叫平高栋。

这便是日本四大姓中平源二氏的来历。

因为后来一般名门武士多出自这两家，而嵯峨天皇跟淳和天皇又是兄弟，所以他们的爹桓武天皇也被誉为是武士之祖，看过电影《七武士》的都知道，在那位农民武士菊千代偷来的家谱上，第一个写着的就是桓武天皇。

第六章　菅原道真

· 神童来了

贞观九年（867年），有人在平安京里搞了一个大新闻。

说新闻之前，貌似有必要先介绍一下这"贞观"二字——尽管字样和中国大唐太宗时代所用年号完全一致，但此贞观非彼贞观，乃系日本的清和天皇在公元859年所改，典出《易经》的"天地之道，贞观者也"。

其实日本的年号除早期之外，基本都出自中国的各类经典，比如著名的明治时代，其"明治"二字也是出自《易经》，叫"圣人南面而听天下，向明而治"。

明治之后的年号叫大正，还是出自《易经》的"大亨以正，天之道也"。

而我们中国人最熟悉的裕仁天皇，他的年号叫昭和，出自四书五经中《书经·尧典》，原话是"百姓昭明，协和万邦"。

至于现在日本曾用过的年号平成，则典出《史记·五帝本纪》的"内平外成"和《书经》中的"天平地成"。

闲话似乎扯过了头，OK，言归正传。话说那条被平安京里大小人等津津乐道的新闻就是，有一个年仅22岁的家伙，成为了文章得业生。

他的名字叫作菅原道真。

此人在日本历史上和武神坂上田村麻吕地位相当，被誉为文神。

菅原道真出生在平安京的一个文化世家，他爹叫菅原是善，官至从三位刑部卿，基本相当于现在的法务大臣，同时也是当时著名的文化人，写的和歌汉诗还受到过嵯峨天皇的赞赏。

或许是因为家庭环境以及父祖遗传，道真自幼便是个神童，据说五六岁时就能写出非常工整，连一般大人都自叹不如的汉诗来。

日本贞观四年（862岁），年仅17岁的菅原道真考上了文章生，5年后，又被选为文章得业生，一时间传遍了街头巷尾。

如果你不明白什么叫文章生什么叫文章得业生，那我现在就说给你听。

平安时代的日本选拔官员的方法主要有两种，一种是凭家世，只要你爹够狠够大，那你哪怕瘫在轮椅上歪着嘴流着哈喇子也能当大官，而像菅原道真这种家里尽管也算是有个高官但还远没到能一手遮天程度的主儿，只能选择第二种：考试。

有人说古代日本学了中国的几乎每一样东西，但唯独两样除外：一是太监，二是科举。

这话说得并不对，至少不确切。虽然日本确实没有设立过宦官制度，但科举还是曾经有过的。

早在奈良时代，日本就从中国引进了科举制度，从下到上分为三等：进士、明经和秀才。

是的，在日本，秀才的级别要比进士高。

早期的科举除了选官员之外，还兼有选拔遣唐使留学生的作用，比如吉备真备就因为在灵龟二年（716年）考上进士并且还取得了最高的甲等成绩，故而被选为了当年度的赴唐留学生。

到了日本贞观年间，科举发生了变化，从原先的三级考变成了两级考，去除了明经，并且把进士试和秀才试分别更名为文章试与方略试，前者的合格者叫文章生，通常在几百名考生中只录取20人，后者合格了叫文章得业生，是在前者的那20人中挑出2名最优秀的予以录取。

而菅原道真的彪悍之处在于，他通过了文章生考试之后，在还没有参加方略试的情况下，就因为过于优秀而直接被选上了文章得业生，之后为了让其他文章生心服口服，便又在日本贞观十二年（870年）的时候参加了方略试，并且果然不负众望地一举通过了。

再加上当时他不过二十出头,也就难怪会成为大街小巷的谈资新闻了。

顺便插一句,日本科举考试的内容主要是中国的文史经典,其中史学部分,则几乎清一色来自当年吉备真备从大唐背回来的那一大箱子史书,所以这家伙同时也是日本科举之祖。

元庆元年(877年),因才高八斗学富五车,菅原道真被任命为文章博士。

文章博士是令外官,但亦有相对应的唐名,叫翰林学士。它的主要职责是主管科考,也就是对诸考生们的评定和筛选。

对于当时那些只能靠读书来谋升迁的中小贵族来讲,这基本上就是一个能够主宰他们一生命运的了不得的官职。

·我要改变这个国家

菅原道真在这个位子上一干就是9年。仁和二年(886年),因为文能提笔武能扛枪,故而朝廷下旨,升他为赞岐守,也就是赞岐国(香川县)的地方官。

武能扛枪这四个字不是随便说说的,菅原道真确实精通各种武艺,尤其是弓道,据说可以百步穿杨,并且箭无虚发。

当年1月16日,出生以来第一次离开平安京,怀着满腔效仿圣贤亲民爱民期待的道真,抵达了赴任地点赞岐国。

在来之前,道真也做过一些口头及书面调研,知道这位于四国岛的赞岐国并不富裕,以后的日子肯定不如在京城那么好过了。然而即便是已经做好了各种心理准备,但当自己亲眼目睹了赞岐的贫穷景象时,这位新上任的赞岐守仍然彻底震惊了。

赞岐太穷了,真的太穷了,和平安京一比那简直就是非洲贫民窟和纽约曼哈顿之间的差别。

"赞岐的人们穿着破烂不堪的衣服,住在破烂不堪的房屋之中,宛若乞丐一般。"

"他们舍弃了自己的土地和家园,四处逃荒,过着凄惨不已的日子。"

在自己的日记小本本里，菅原道真如此写道。

当然，作为一名朝廷钦派的地方长官，光是发现问题然后再在小本子里记上两笔肯定是远远不够的，接下来要做的，是寻找问题产生的根源并将问题彻底解决。

关于前者，菅原道真一开始认为是老百姓太懒，素质太低——国家都发给你们土地了，你们却不耕种，还逃荒，真乃朽木刁民是也。

但很快他就发现自己错了，因为赞岐国的老百姓虽然穷，可并不刁，相反还相当胆小，相当本分，相当善良。

"在赞岐，贫穷的人小心翼翼地不敢招惹富人，但彼此之间却一直相互帮助着，哪怕是家徒四壁者，常常也会向比自己更穷的无家可归者伸出援手。"

在《早春词》中，道真这样描述着自己的子民。

其实当时并非赞岐一国是这个德行，基本上全日本都是如此：老百姓普遍淳朴本分，但很穷，全国都很穷，就连首都平安京，城外头也常常能看到饿殍倒卧——他们都是抛弃了自家土地来京逃难的农民。

所以菅原道真开始反思：既然老百姓勤劳勇敢善良淳朴，国家又发给了他们田地，那么他们为什么不肯去种？如果种了这地，不就不用挨穷了么？百姓不穷，国家岂不是也能富裕了？

抱着这样的疑问，他身体力行地来到了民间，随便找到了一个正准备去外乡逃难的人，然后拉着他坐下，说要谈谈。

这位微服私访的赞岐守大人提出的第一个问题是：你们为什么要背井离乡地这么逃难？

那个一身破烂穿着的人用看外星人的眼神瞅了瞅穿戴整齐的道真："在家也是饿死，还不如出去碰碰运气。"

道真很莫名："你不种地当然要饿死……"

"就是种了地所以才会饿死！"还不等说完，那人便一下打断了他的话。

这个惊悚的逻辑让菅原道真虎躯一震："为什么？！"

"因为要交税，要服徭役啊。"那难民苦笑了一下，"一块地的收成每年有多有少，可朝廷的税赋却是年年固定的，哪怕是颗粒无收，也得给官府缴粮，而徭役就更别提了，就算是农忙，说要你去服役你就得去，田里的活只能交给老人和女人。先生，你来告诉我，这样一来，纵然是有土地能种粮，可又有什么活路？"

这一天晚上，赞岐守菅原道真失眠了。

他终于明白了一个道理，导致贫穷的并非农民本身，而是朝廷，更是制度。

数百年来，日本为了繁荣强盛，事无巨细都一直在模仿着大唐，然而恰恰就是从大唐山寨来的这套租庸调制度，反而导致了今日日本的贫穷，农民的离乡。

进一步说，正因为一味跟风大唐，疯狂模仿甚至到了无视自己国情的地步，才会使得整个日本国都无法有效地进行自我发展。

吉备真备那一代所提出的疑问，在菅原道真这一代得出了答案。

解决的方法他也很快想好了，那就是把这套从大唐山寨来的律令给废了，然后换上一套适合日本人自己的制度。

这招听起来相当不错，既伟大又靠谱，只不过问题的关键在于，此时的这位菅原大人撑死也不过算是个封疆小吏，权轻人微，他何德何能凭什么去参与这改变国家体制的大活动？

对此，道真也有方案，那就是通过努力当上中央大员，等权倾天下之后再搞起一场举世无双的大改革。

很有一种"我要成为火影，然后改变这个世界"的味道。

虽然在常人眼里这几近于天方夜谭，但菅原道真毕竟是"三岁识千字五岁能作诗"的菅原道真，很快，他就寻摸到了一个能高升的机会。

·读书人出人头地靠讲道理

话说仁和三年（887年），时任的光孝天皇因病驾崩，由于走得急，也没留遗诏，所以只好由诸大臣们开个会，讨论选出一个新天皇来。

光孝天皇是嵯峨天皇的孙子，尽管和爷爷相比，其生育战绩稍逊风骚，但终究是有基因优势，这家伙光儿子就有二十来个，要想从里面选出一个能继承皇位的，多少得费些口舌和时间。

就在众臣为下一代天皇该让谁来当僵持不下时，太政大臣藤原基经横空出世，表示这个皇位，很明显应由定省亲王来接手。

太政大臣，乃太政官之首席，唐名叫作相国，大丞相抑或是太师，不管叫哪个，它都是位极人臣的象征。

而被藤原基经举荐的那个定省亲王，是光孝天皇的第七皇子，元庆八年（884年）被下赐源姓，失去了皇室身份。虽说光孝天皇病重之后他又被封了亲王，但不管怎么说，日本的惯例向来是"皇家是神，臣子是人"，一旦脱离了神籍的家伙无论从何角度来考虑都是几乎没可能再回到神的小圈子里来的，更不用说当天皇了，可是因为藤原基经的强力推荐，满朝文武无人敢驳其面子，大家只能同意让定省亲王继承大统。

当年9月，亲王上位，称宇多天皇。

宇多天皇很清楚自己之所以能从人变成神到底是谁的功劳，故而在即位后不久，他便下了一道圣旨，封藤原基经为关白。

关白是日本的一个令外官，尽管属编制外，可权力极大。

这官简单而言就是摄政，即当天皇年幼或是人傻的时候，关白便代表皇上统治全国，即便天皇不傻，全国的政务也要先经关白之手，再转交给天子，同时，他还拥有直接草拟并且颁布圣旨以及对政事进行最终裁决的权力。

顺便一说，关白二字来自中国，典出西汉权臣霍光的一句话："诸事先关白光，然后奏天子。"就是说凡事必须先要请示霍光，然后再跟皇帝说。

所以关白在日本也叫博陆，因为霍光封爵博陆侯。

作为一个权倾天下的老牌政客，藤原基经在接到圣旨之后很淡然地选择了拒绝——这是一种礼节，民间俗称"装"。

毕竟关白不是一块水果糖，堂堂太政大臣要真跟猴儿一样没一点矜持地见了就抢说拿就拿，那是很掉身价很没面子的。

天皇也明白这个道理，于是在藤原基经婉拒关白之职后又下了一道圣旨，二请出山。

该圣旨由一代名儒左大弁（官位）橘广相起草，天皇亲自敲章。在文中,作者橘左大弁引经论典,高度赞扬了藤原老太政的各种高风亮节,并且衷心地希望他能出任关白一职,以便更好地为国家,为天皇发挥自己的能力。

原话是"希望藤原卿无论如何都要担任此阿衡之职"。

阿衡,也叫保衡,阿保,意为国君辅佐之官,和关白同义,同时,也是中国古代著名摄政大臣伊尹的尊号。

伊尹么大家都懂的,我华夏大贤,帮助成汤开创了殷商六百年天下不算,还辅佐汤孙太甲治理国家几十载,被誉为中华历史长河中的第一位圣人。

把藤原基经比作伊尹,这等于是给了他一顶高到不能再高的帽子,同时也算是好话说到了头,毕竟在当时人的概念里,也找不出比伊尹更出挑的角色来形容一个臣子了。

言下之意很明确,就是希望藤原基经别再装了,赶紧出山当关白,让大家都省心。

此时的藤原基经虽是仍想一脸娇羞地再小挣扎一下,可无奈他也知道要继续这么傲娇下去人家再写圣旨请出山时,就只能把自己给比作唐宗汉武了。毕竟身为人臣,凡事总得给天皇点面子,于是在接下了圣旨之后,藤原基经再未拒绝,而是将其拿给亲信们传阅,并且表示自己准备走马上任。

本来这事到此就算告一段落了,用日本话来讲叫一件落着,然而没想到的是,就在诸心腹交口称赞自家老大被誉为千古圣人时,一个反对声响了起来:"不妥,不妥啊。"

说这话的人叫藤原佐世,时任文章大臣。

藤原基经忙问有何不妥。

"阿衡一职,虽然位高近天,可却并无实权。"

这是扯淡。

稍有历史常识的人都知道,伊尹在辅佐汤孙太甲时,初期因太甲荒淫无道,故而亲手将其放逐,若干年后见此君真心悔改,才又将其迎回,重新把他扶上了王座。

如果这也叫"并无实权"的话,那估计只有那种一跺脚就把地球震得嘎吱裂两半的人才能叫有实权了。

事实上作为文章博士,藤原佐世当然知道阿衡到底有无实权,而他之所以要颠倒黑白提出那个惊世骇俗的结论,纯属是想拍一回马屁——既然藤原基经有心再装一次逼可又苦于找不到合适的由头,那就由自己来提供这个理论基础吧。

没想到的是,说者无心,听者有意。

藤原基经在听藤原佐世说完之后,第一个反应并非是暗自欢喜又能装逼了,而是浑身毛发倒竖外加背脊阵阵发凉。

其实稍有历史常识的人还应该知道,所谓"位极人臣"这四个字背后的潜台词,实际上是"一手遮天"。

藤原基经是怎么做到太政大臣的我们这里就不详细说了,但即便是用膝盖也能琢磨明白,这家伙绝对不会是一盏省油的灯,其仕途过程一定写满了各种见不得人的黑历史。

但与此相对的,越是这种人,神经就越是敏感脆弱,只要稍稍听到一些或许会对自己不利的风声,就会防患于未然地大作起文章来。

更可悲的是出身超级豪门藤原家的藤原基经因为不需要像菅原道真那般靠考试来升官,所以对经史子集这种东西并无太深了解,所谓阿衡啊伊尹啊,也仅限于听过名字,至于详细的事迹,就全然不知了。

因此他把藤原佐世的话信以为真了,以为天皇要自己当关白实际上是想借升官之名,行收权之实。

藤原基经当时就怒了,撂下一句话:"既然天子如此不希望我掌权,那我就把这大权归还于他好了!"

一旁的藤原佐世瞬间就摸不着头脑了:这是怎么了?

次日,太政大臣藤原基经奏明宇多天皇,表示愿意接受关白一职,但与此同时,将不再处理任何政务。

于是天皇也傻了,这什么跟什么就突然罢工了?平时没给他工资还是过年没包给他红包啊?

然后就让人去查,查了一圈发现原来是藤原佐世这货在搞鬼。

天皇还没来得及说什么,橘广相先拍案而起:"是可忍孰不可忍也!"

文化人一般最恨的就是自己满腔热忱抖了半天书袋自以为千古绝唱结果却被人歪曲成了垃圾，这在他们眼里堪比是杀父夺妻的侮辱。

这也是为什么我们总能看到有的作者哪怕被改了一个标点符号也要找编辑拼命（本熊猫①绝对不是那种人）。

所以橘广相要求和藤原佐世辩论，论题是伊尹阿衡到底是不是位高而无权。

事情发展到这一步，纵然是藤原基经也明白过来，这其实就是藤原佐世信口雌黄拍马屁，然后自己信以为真地小题大做。

可正因为事情已经发展到了这一步，所以绝对不能让步认输，即便伊尹有且是能够流放国王的实权，但在这风口浪尖上，咬紧牙关也不能承认这事，因为一旦承认橘广相说的是对的而藤原佐世说的是错的，那么自己这一罢工行为该如何解释？太政大臣藤原基经由于权欲熏心外加不学无术而上当受骗并大耍无赖？

于是藤原太政也不甘示弱，公开表示辩论就辩论，爷不怕你。

这么一来橘广相倒有点困惑了，赶忙又翻了翻各种史书，确信自己掌握着真理之后，便也挺起胸膛，一副你要战我便战的架势。

辩论会的具体形式是这样的：橘广相和藤原佐世作为当事人，只负责亮明自己的观点，但并不参与辩论，详细的讨论交给九名以饱读经书而著称的博士，他们在一番论战后，将会各自投票选择自己所认为正确的观点，最后以票数多寡来决定胜负。

辩论的过程我们略去，直接说结果：9比0。藤原基经完胜。

这叫作强权战胜公理——博士也是人，大家都明白你把黑的说成白的没啥关系，但你要得罪了藤原基经那可是要死全家的。

于是天皇只得被迫取消了先前发过的那道圣旨，接着再把橘广相给罢免。但与此同时，他也在日记里表达了自己万分不爽和屈辱的心情。

藤原基经却并不肯到此为止，在橘左大弁被罢之后，他又进一步上奏天皇，要求将橘广相流放，以作为自己回来干活的交换条件。

①本书作者樱雪丸曾用过匿名的小熊猫、跑路途中的小熊猫等笔名。

这个实在忒过分了，因此天皇断然拒绝。

所以藤原基经继续罢工，双方就这么僵持了起来。

这种最高权力层之间的钩心斗角无论是在古今历史还是中外肥皂剧里都很常见，从表面上来看跟此时正在赞岐过苦日子的菅原道真没有一毛钱的关系，但实际上并非如此。

首先，菅原道真他爹菅原是善跟藤原基经有点儿交情。

其次，那个藤原佐世其实是道真的学生，他能当上文章博士，还亏了自己老师的举荐，不仅如此，这人实际上还是菅原家的姑爷，他老婆是菅原道真的女儿。

因为上述的这些关系，故而道真想要插手这次中央斗争也就名正言顺多了。

仁和四年（888年）7月，菅原道真修书一封，寄给了藤原基经。

信上先是对自己的倒霉女婿兼学生藤原佐世在京城弄出那么大的骚动表示了歉意，这纯属自己管教不严；接着又对藤原基经本人进行了高度赞扬，基本上能想出来的褒义词都给砌上了，活生生地把一腹黑权奸给夸成了风华绝代千古流芳的圣人君子，同时还不忘标榜一下自己，大意是我不在京城期间天子全靠您辅佐了，当然这话说得极为隐晦，并没有让基经本人感到任何不快；最后，道真笔锋一转，表示太政大人这几个月来您也该闹够了吧？差不多是收手的时候了吧？

之后，他再上了一道折子给天皇，表示藤原基经是难得的栋梁之臣，这次事件纯属意外，自己已经写信劝说太政大臣了，希望皇上在合适的时候给他一个台阶下，正所谓君臣和睦国之大幸。

宇多天皇当然是巴不得这事早一分钟解决，对他来讲给个台阶下压根儿就不是问题，问题在于没有台阶可下。藤原基经本人一直宅在家里闭门不出，满朝文武也无人敢出声劝架，现在唯独这个小小的赞岐守站了出来，也不知道他能不能劝得动太政大臣。

而另一方面，其实藤原基经也早就不想这么僵下去了，这家伙的初衷真心很简单，就是想单纯地摆个谱装个逼，他自己都没想到会闹成这副模样。自打双方卡在那儿之后，基经无一日不在等着天皇能来给自己一个台阶——

比如学下刘备三顾茅庐什么的，可惜等了快几个月了都没等到，无奈之下只好为了面子而继续痛苦并僵持着。

现在既然菅原道真来信请求自己鸣金收兵了，那就干脆顺坡下驴卖他个面子吧——谁知道这家伙是不是天皇背地里派来的求和使者？即便不是，他也不是外人，自己不仅跟他爹菅原是善勉强算个朋友，心腹加一族远亲的藤原佐世还是他的女婿，就算听他一回也不丢份儿。

数日后，藤原基经上奏天皇，表示自己不想再追究那橘广相了，而且也愿意以关白兼太政大臣的身份重新走出家门回到工作岗位，和以往一样辅佐天子处理天下政务。

宇多天皇很感动——主要是对菅原道真。

因为此事的本质实际上等于是藤原基经因为某件无聊的小事和天皇闹了数月的别扭，不仅赶走了重臣橘广相还罢工示威，就在这紧要关头，赞岐守菅原道真一封信就解决了事情，恢复了和平。

你是天皇你也会感激他的。

宽平二年（890年），任期已满的菅原道真回到了阔别四年的京城，之后被任命为藏人头。

藏人头就是天皇的秘书，主要工作是负责天子与大臣之间的各种沟通。

官不大，但地位很特别，属于皇上身边的贴心人。

·最后的遣唐使

宽平三年（891年），一代超级大权臣藤原基经因病医治无效在平安京去世，享年55岁。

这对于菅原道真而言堪称是春天降临的标志。因为原本一手抓着行政用人大权的基经现在蹬腿走人了，那么各种权力自然也就回归到了天皇手里，而天皇在掌权之后，第一个要提拔的，自然是当年帮过自己大忙的道真了。

宽平五年（893年），菅原道真出任参议。

所谓参议，系太政官一员，唐名平章事、谏议大夫，有参政朝议之权。简单而言，就是拥有能和天皇以及其他王公大臣坐在一个屋子里讨论并参与国家大事的权利了。

也就是说,道真就此步入了最高权力的核心层。

他终于有机会来实现自己的梦想了。

在菅原道真的辅佐与建议下,宇多天皇开始把眼光投向了民间,为了更好地了解老百姓们到底过着怎样的日子,他还临时设立了问民苦使一职。

问民苦使其实是地方检察官,早在孝谦天皇时代就有了,不过那时候主要是为了监视藤原仲麻吕有没有勾结地方土豪造反,而宇多天皇时则更多地是想知道民间的具体情况。

不管哪个时代,民间疾苦总是触目惊心的,所以天皇在第一次知道了自己的子民到底生活在怎样的环境下后,痛下决心地表示,自己要通过努力,让老百姓们过上能吃大米能喝肉汤的好日子。

然后就没了。

天皇其实也就是意思意思,所谓的努力充其量是希望手底下那群当官的去努力,他自己本身实际上也就是三分钟热血,沸腾完了就该干吗干吗去了。

当年春夏,宇多天皇表示想派遣唐使去大唐,学习一下先进文化技术,最好再跑长安淘点儿稀罕宝贝回来。

纵观此时的日本,综合才华学识地位来看,最具备带领诸遣唐使赴唐,担任遣唐大使职务的,唯有菅原道真。

道真本人很兴奋,不是因为能当大使,而是觉得废除大唐制度的时候到了。

宽平六年(894年)9月14日,左京大夫,左大弁兼参议兼第二十任遣唐全权大使菅原道真上奏宇多天皇,要求取消本次赴唐计划,不仅如此,他还认为,遣唐使这东西本身,已经没有存在的必要了。

在奏折中,菅原道真表示,当年如日中天不可一世的大唐王朝如今已然是残花败柳了,说难听点就是坟中枯骨,灭亡就在眼前,所以压根就不再具备让日本学习的价值,这是其一;其二,大唐多年来藩镇割据四处战火,乱得很,一大堆日本人去了难保不被人砍死;其三,也是最重要的,这条不在奏章上,而是菅原道真当面跟天皇说的,他提出了一个截止到当时为止没有一个日本人想到或者敢说出口的观点,那就是迄今为止,日本所谓的以大唐为标杆全面仿照大唐,无非是水月镜花,这种不考虑本国情况一味追求模仿外国的做法,恰恰是导致了自己数百年来又穷又弱还乱的根源。

综上所述,日本要做的,是放弃山寨大唐,通过走自己的道路来实现强国之梦,而实现这一梦想的第一步,就是废除遣唐使。

在我看来,如果没有这第三条,那么菅原道真充其量只能算是一个能够审时度势的实用主义者,最多被赞一声头脑聪明,冰雪无敌,而有了那第三条,那道真就不愧是被誉为文神的男人了。

大唐即将完蛋,这在当时的日本属于公开的小秘密。尽管在很多历史读物官方资料甚至是教科书上写着,日本实际派遣成功的最后一次遣唐使是在承和五年(838年),此话虽不能说错,可事实上在日本贞观十六年(874年),平安京方面为了采购香料草药等物,特地派遣了以大神己井、多治安江为首的使节团赴唐,虽然他们并没有被算在所谓的"二十次遣唐"名单里,但严格来说,其实是最后的一批遣唐使。

其中,副使多治安江在回国后就表示,大唐虽然还是大唐,但早已各种乱象丛生,估计用不了多久,就会出大事,再用不了多久,兴许就该灭亡了。

这话他逢人就说,不到三个月,便一传十十传百地变成了平安京里众人皆知的秘密。

果然,公元875年,河南长垣爆发了王仙芝民变,3年后,王仙芝战死,余部在安徽亳州和冲天大将军黄巢的军队合并一处,为推翻唐朝夺取天下而共同奋斗在了一起。

这位黄大将军干的事情在此我就不说了,一是和主题不符且篇幅不够,二是不好说也说不好。反正公元881年的时候,黄巢军攻入了长安,其本人称帝,建立大齐政权,年号金统,而唐皇僖宗则不得已逃往了巴蜀之地。

虽然黄冲天在公元884年兵败身死于泰山,唐僖宗得以全身安全地回到了长安继续当皇帝,但经过这么一闹,大唐实际上算是彻底地没戏唱了。

黄巢之后的事情我们前面都说了,唐朝那边算是回光返照似的稍微平稳了一些,于是宇多天皇又想起遣唐这茬儿了,连封大使的圣旨都下了,结果却因为大使本人出来反对，故而终究没有去成。

　　不仅没去成，在菅原道真的力谏下，天皇又下了一道圣旨，表示从今往后再也不派遣唐使了，就这样，这一延续了三百年的交流活动最终变成了历史。而菅原道真也成了名义上最后的遣唐使。

　　公元907年，朱温废唐哀帝，建立大梁，唐朝正式宣告灭亡。

　　而另一边，在成功迈出了第一步后，菅原道真意气风发，准备再接再厉地大干一场。

　　可是就在这个时候，一个堪称是他终生对手的人出现了。

　　那人的名字叫作藤原时平。

第七章　藤原时平

·一场开创了新时代的土地改革

藤原时平，时年（894年）23岁，虽然年轻，却已官居三位中纳言（唐名黄门侍郎）兼右近卫大将（唐名虎牙大将军）。

之所以能如此身居高位，全因为他爹是藤原基经，同时还是藤原北家嫡流当主藤原忠平的哥哥。

这里我先来解释一下什么叫藤原北家。

还记得当年那被天花夺去了生命的藤原家四兄弟么？也就是藤原仲麻吕的亲爹和三个叔叔藤原武智麻吕、藤原麻吕、藤原房前以及藤原宇合。

这四个人，合称藤原四家，按照上述的顺序，分别代表了藤原南家、藤原京家、藤原北家和藤原式家。

往后我再说到藤原哪家藤原哪家的时候，你就能明白，哪些人是哪个祖宗的子孙了，建议最好拿个小本子记一下，以便对照。

因为出身尊贵，故而和菅原道真大不相同的是，藤原时平的仕途堪称是一条金光大道，17岁的时候，就担任了道真45岁才混上的藏人头。

而菅原道真自出道后，花了22年才混到的参议，藤原时平仅仅只花了5年，而且还是在没有被外放挂职锻炼的情况下，就轻松上位了。

不过时平倒并非是那种单纯的无脑纨绔，用宇多天皇的话来讲，就是这家伙虽然年轻风流，而且还是仗着祖上的余威才得以青云直上，但是在国家政治方面却是得心应手，当属辅国重臣。

宽平九年（897年），宇多天皇在没有任何先兆的情况下突然退位，将皇座让给了年仅13岁的皇太子敦仁亲王，即后来的醍醐天皇，自称太上天皇。

临走前，宇多上皇亲自指名了辅政大臣两名：大纳言藤原时平，权大纳言菅原道真。

大纳言，唐名亚相，在朝廷不设太政大臣的情况下，此官乃太政官之首。

权大纳言就是大纳言的副职。

之所以要把藤原时平立于菅原道真之上，当然是因为他爹是藤原基经，但宇多上皇在写给醍醐天皇的信中，却表示，道真是大学者，既有学问又会治国，而且年长成熟富有经验，所以你要有事的话，还是尽量问他吧。

就这样，菅原道真实际上一跃成为了群臣之首。

他上台后做的第一件事情就是改革——而且还是针对国家制度的大改革。

就在当上大纳言的当年，菅原道真发布了一道政令，承认土地私有，并且要求掌握着土地的全日本各豪族们，每年按照一定的比率给中央交税，不许少，但更不许多——多收农民们的。

这看起来是一个很豪迈很大胆的决定，其实却也没那么夸张。

虽然大化改新时就说好了土地都归国家所有，但实际上这个政策并非是一块毫不透风的铁板。早在天平十五年（743年），为了改变当时日本贫穷，粮食产量低下，土地无法被全面开垦的悲惨局面，圣武天皇特地颁布了一部名为《垦田永年私财法》的法律。

这部法律文如其题，就是无论何人，只要去开垦了土地，那么除去每年按照一定比例上交给国家公粮之外，剩下的无论是粮食也好土地也罢，都将永远是此人的私有财产。

而这些开发者，也有一个法定的名称，叫开发领主，简称领主。

至于那些被开垦而私有的田，也有个专门的称谓，叫作名田，即有名字的田，换言之就是私人的田。所以领主们有时候也会被叫作名主。

再后来，有的领主因为名下的田地很多，地盘很大，于是便被人叫作大名。

我们平日里在游戏中动漫里所熟知的战国大名江户大名这些名词，其实就是这么来的，它们真实的意思就是战国时代江户时代的大地主。

再说这部《垦田永年私财法》，堪称是首次挑战了日本从大唐山寨而来的那一套制度，但却并不长久。天平神护元年（765年），当时正红得发紫的道镜认为私有土地对国家财政不利，于是便废除了《垦田永年私财法》。之后的一百来年里，该政策废了立立了再废，折腾了很久，以至于最终进入了一个灰色状态中，即国家的律法虽然是明着不允许私有土地的，但事实上下面的豪族们早就都成地主了，朝廷对此没有任何办法，毕竟朝令夕改理亏在先，而且也确实不可能完全将这些私有土地的豪族们清理干净，能做的唯有默认。

于是最终苦了国家和农民。前者因为收不到税而一直积贫积弱，后者则血汗钱被吸了个干净从而生不如死，而且名为交国税，实际上天知道是落到哪个土豪的口袋里去了。

现在菅原道真搞的这一手，等于是把原先的灰色制度直接给光明正大地洗白了，在彻底承认土地私有的同时，也明码标价收费，既保障了国家的收入，也不至于太亏了农民。

只不过这么一来土豪们该不干了，虽说这年头哪有皆大欢喜的事情，有赚必有赔，可那赔本的买卖真要落在了自己的头上，任谁都不会乐意的。

土豪不是农民，断然不甘吃哑巴亏，面对道真的大刀阔斧，他们纷纷在朝中找起了内援，企图和庙堂重臣们联合起来里应外合，共同抵制那个出手比黑社会还狠的读书人。

一般来讲，那些在外面当土豪都快成精了的地方一霸们，基本上都和朝廷中的某位甚至某几位大员们有着千丝万缕的关系，要么是亲戚要么是利益均沾，所以菅原道真得罪了他们，其实就等于是得罪了跟自己同朝为官的那群同僚们。

不过他也不怕，来文的，自己是文神，来武的，自己能射一手百发百中的好箭，谁怕谁啊。

而朝中大臣们也知道这厮是个油盐不进文武双全而且还得上皇宠信的高

手，因此也不跟他明着硬拼，而是采取了迂回战术——罢工。

·文曲星陨落

从宽平十年（898年）起，但凡菅原道真主持的高级干部政治会议，总会有人缺席，而且人数越来越多，一开始时还只有两三个，好歹也请假，可到了后来干脆是一缺一大帮，并且连招呼都不打，说不来就不来，直接待在家里等老婆开饭，每回开会，道真的面前只有两排坐垫——当时的日本还没有椅子。

而那些不出席会议的家伙们，则几乎都清一色地聚拢在了藤原时平的周围，并且还希望他带个头，利用藤原家在朝中多年积累下来的威望和实力，干掉菅原道真。

时平的回答是OK。

后世一般认为，藤原时平说好的原因是他代表了旧贵族的利益，出于一种誓死捍卫自家一亩三分地的反动阶级立场而仇恨着革命派菅原道真，并且欲除之而后快。

这是大错特错的。

藤原时平和菅原道真之间，既无私怨，也无公仇。

时平的弟弟，也就是藤原北家的当主藤原忠平，和菅原道真的关系非常好，不仅如此，因为藤原时平本身也是个文艺小青年，所以对文神道真的敬仰之情，在当时也是相当公开的。

此外，就政治观点来看，时平实际上跟道真一样，也是改革派，同时也是一个认为日本想要发展就必须脱离大唐影响的去唐论者，而且两者都认为，改革要从最根本的方面入手。

唯一的不同点在于，道真概念里的"根本"是国家的制度，而时平则认为，所谓根本，是文化。

他的意思是，要想彻底改变一个国家，必须先从文化入手。

同理，要想彻底改变日本，就必须先得用本土文化将那已经根深蒂固的唐文化印记给代替了。

说一句良心话，我认为藤原时平才是对的。

只可惜我这么想没用，关键是菅原道真不这么看，眼看着自己怀揣多年的强国梦离实现还差那么一步，他决定咬紧牙关跟藤原时平死磕到底。

对此藤原时平倒也无所谓，毕竟是藤原基经的长子，学不来自家老爹那一套呼风唤雨，但整个把人还是手拿把攥的。

两人的战争就此拉开了帷幕。

话说菅原道真有个女儿叫菅原宁子，嫁给了宇多上皇的第三皇子齐世亲王，作为岳父的道真，当然希望自己的姑爷能越出息越好——最好哪天能继承大统，当上天皇。

这本来是一个人皆有之的美好愿望，但藤原时平却密奏醍醐天皇，称权大纳言菅原道真图谋不轨，意图以强硬的手段迫使皇上您立齐世亲王为皇太弟，以便将来谋权篡位。

天下的皇帝其实都一样的，对于这种有可能威胁到自己皇位的事情，向来奉行"宁可信其有不可信其无"的原则，所以醍醐天皇很当机立断地就做出了决定：驱逐道真。

昌泰四年（901年），在没有任何预警前兆的情况下，天皇突然下旨，撤去了菅原道真权大纳言一职，同时下令将其下放至大宰府，任权大宰帅。

圣旨下达后的第五天，菅原道真壮志未酬人先走，留下了无尽的遗憾离开了平安京。

他再也没能回来。两年后，中年失意的道真在左迁之地大宰府郁郁而终，年58岁。

临终之前，望着漫天的白雪，菅原道真留下了自己的辞世诗：盈城溢郭几梅花，犹是风光早岁华；雁足黏将疑繁帛，乌头点著思归家。

光是读着，就能感受到那满满的思乡悲情。

算了，那么哀伤的话题就此打住吧，我们来说点欢乐的科普小知识——大宰府。

这个词相信大家都不会陌生，在前面就有提过，系位于九州北部的重要行政机构，主要作用是稳定九州岛，监视朝鲜半岛乃至中国的动向。同时也有传闻称，那地方就是当年邪马台国的王城。

这些其实都无所谓，我现在要说的，是大宰府的正确表达方式。

因为数千年来一直都有人（包括日本人）习惯把大宰府写成或读成太宰府，所以及时做一下科普是很有必要的。

在最开始的时候，大宰府就是大宰府，没有任何异议。然而随着时光的流逝，人性中懒散粗心的那一面逐渐暴露，却说在某年某月某位不知名的学者把大写成了太，由于不过一点之差而且也并无太大影响，以至于大伙都并不在意，于是此先河一开，便被后世以讹传讹。尽管有正经孩子有心拨乱反正，坚持正确写法，但越来越多的人开始称其为太宰府。根据不完全统计，截至公元10世纪，日本关于大宰府的记载共有25处，其中用"大"字的8处，"大""太"并用的4处，用"太"字的13处。

连为了纪念菅原道真的神社都叫"太宰府天满宫"，甚至今日在大宰府所在地造起来的城市，都被称作"太宰府市"。

这就叫三人成虎，众口铄金。

好在这世道还是不乏业界良心的，时至今日，日本学界已有了明文规定，作为历史名词以及机构名称和官员职位名，那么正确的写法是"大宰府"；而作为都市名或是祭祀菅原道真的那所神社名，则写作"太宰府"。

顺便一说，那个写《人间失格》的作家，叫太宰治，真叫太宰。

·古今和歌集

话说在顺利目送菅原道真上路之后，群臣之首的位子自是理所当然地归了藤原时平。

前面就说了，时平也是个改革派，所以他在上台之后，并没有废除道真时代定下的土地改革制度，而是采取了比较温和稳步的方法在那里缓步推行，同时，他还依照自己原本的观点，开始着手起了一场文化方面的改革。

改革的第一个目标，是文字。

不得不说这是一个高瞻远瞩的决定。

我个人一直特别信奉这样一句话：欲亡其国，必先去其史；欲灭其族，必先秽其文。

就是说要灭亡一个国家，必定先要篡改他的历史，要想灭掉一个民族，一定要先糟蹋他们的文字。

这话其实反过来说也是一样的：要想振兴一个国家，首先就是要先学会正视自己的历史；要想兴旺一个民族，第一要做的是拥有并光大属于自己的文字。

一言以蔽之，藤原时平要做的事情分两步，第一步，先搞出一种只属于日本且日本特色十足的文字；第二步，把这种文字发扬光大。

这确实是一个听起来和做起来都非常浩瀚庞大的活儿，不过好在第一步已经有人给做了——当时的日本实际上是有原创文字的。

那就是平假名。

众所周知，日语由三个部分组成：汉字、片假名和平假名。

其中，汉字是无可争议的中国文字，而直接从汉字偏旁得来的片假名，其实也可以算是中国字，唯独平假名，自古以来就一直被认为是日本人的原创文字。

虽然这原创二字说得有些勉强。

平假名的起源仍是中国，是由汉字的草书形式演变而来的，每一个假名对应着一个日语的读音。最早叫万叶假名，和汉字相比还原度极高，但后来被简化了很多，以至于看上去跟中国字貌似脱离了关系，比如あ（读阿）这个假名，我要不告诉你的话，估计你三天三夜也未必能琢磨出来它的原型其实是草书的"安"。

而平假名的出现则至少可以追溯到一千三百年前，现今存在历史最悠久的带有平假名的文物是一块在大阪出土的木简，据说是公元7世纪中期的产物，上面用万叶假名写着"春草之初年"。

和片假名一样，平假名的创造和演变都绝非一人之力，而是多年来众多日本学者共同心血的成果。因此尽管教科书上认为是真言宗开山老祖空海和尚发明了平假名，但实际上这跟说吉备真备创造了片假名一样，只是一个谣言罢了。

虽然历史悠久形体优美，但数百年来，平假名却一直都不是日本的官方文字，在高层的正式场合，大家使用的都是汉字和片假名，平假名通常只出现在那些身居深闺的少女少妇为了抒发寂寞和恋情而写的和歌之中，故而也被叫作女手、女文字。

究其原因，主要还是因为平假名和汉字的关系太遥远——毕竟只是以草书为雏形变化而来，哪比得上直接拿来主义的汉字和片假名。

或许有人会觉得这真心不是个像样的理由，但实际上这真的就是理由。

尽管我过去，现在一直都在说中国文化对日本的巨大影响，然而这种影响即便是如阶级斗争般天天讲时时讲，你也未必能想象得出其具体到底有多么巨大。

平安时代的日本官员，不懂经济而在大藏省混的，大有人在；不会打仗而居将军之职的，不乏其人；对于那些贵族出身的家伙们而言，哪怕什么都不懂也无所谓，只要会一样东西便能当官，那就是中文。

这里的中文包括汉字的读写运用，对中华古典的理解感悟，等等。

因为平安时代的日本人信奉一句话，叫文章乃经国大业。

此语出自中国三国时魏文帝曹丕所著《典论·论文》，原话是"盖文章者，经国之大业，不朽之盛事"。

那时候的日本，不但政令、律法、官制、文章清一色用的都是汉文，就连达官显贵们私底下的书信来往，也都是满满一纸的方块字。

有时候想想今天的孩子们为了各种英语等级考试在那里呕心沥血，到处都有闲杂人等满世界宣扬学好英语改变人生，真的是蛮让人心情复杂的。

再说那平假名，虽然在当时地位相对比较尴尬，但也还没到绝望的程度，毕竟它受众不算太小。除去刚才说的在女性之间被使用外，其实小贵族跟老百姓私下里用得也挺多，事实上这个分两步走的文字工程已经完成了一步半，连发扬都省了，只求能光大一下，让平假名一跃而起，引得万众瞩目，然后成为能和汉字、片假名并列的正式文字。

对此，藤原时平的办法是编一本以纯平假名为主要组成部分的著作，然后推广，并借机宣告一个新的文字时代的来临。

著作的内容他也想好了：和歌。

和歌就是日本传统歌谣，都是用万叶假名或是平假名所写成，虽然曾经人气很高，但随着中国文化对列岛影响的日益扩大，很快就被汉诗所取代。

平安朝的日本贵族们虽说也有爱和歌的，可一般只用于私下交流，再或者就是用来写情诗追女孩子，比如藤原时平就特别擅长此道，然而不管是哪一样，它都不是一样适合在公开场合拿出来分享的玩意儿。

之所以要选和歌，除了它是当时日本为数不多能完全用平假名表达的东西之外，还因为其拥有悠久的历史传统，表现手法方面也具备不输给汉诗的华丽，同时也能轻易地让大众（包括天皇）所接受，更重要的是，藤原时平本人就非常喜欢和歌。

延喜二年（902年），时平召集了象征着当时日本和歌界最高水准的四个人——纪友则、纪贯之、凡河内躬恒以及壬生忠岑，然后命他们编写和歌集。

编撰的计划是这样的：四人工作小组先去各贵族家中搜集各种和歌藏本，然后把有万叶假名的部分统统改成平假名，再汇集成册，凑成一本书。

编纂工作在刚开始的时候进行得相当顺利，但很快，就出现了一个大问题。

诸编者们发现，自己苦心搜集来的那些和歌，基本上都是以恋爱为主题的，说难听点儿，全是带有小资产阶级情调的黄色小曲儿。

本来是气势磅礴地准备亲手缔造传说，结果现在却成了村头制黄贩黄的二狗子。梦想和现实差距之大，让藤原时平很想骂娘，但说脏话毕竟不解决问题，无奈之余，时平只得下令让手下的那群书生们索性现编各种其他题材的和歌，以充实内容。

在经过了3年的努力之后，延喜五年（905年），浩瀚著作终于完工，这便是著名的《古今和歌集》。

该书总共收录和歌1100余首，包含了恋歌、祝歌、离歌、旅歌和咏季歌等共计13个种类。

成书当日，藤原时平带着样本进宫面圣，将其呈于醍醐天皇御览。

天皇看后非常满意，笑而称善。

他不光满意书本身的内容，更满意序言里的一句话："大和之歌以心为源，义广而情深。"

对于一名和歌爱好者兼国家统治者而言，这话于公于私都说得相当对胃口。

数日后，醍醐天皇下圣命，要求贵族们在写汉诗的同时亦要多多写和歌，此外，天皇还表示，希望高级贵族们在平时也能用平假名来交流，这并没什么丢人的。

群臣闻讯后，立刻纷纷表示我们一直在用平假名，真的，皇上您要不信臣这就用平假名做和歌一首供您观摩。

因为上有所好而导致和歌大流行的缘故，醍醐天皇的儿子村上天皇时代还专门设置了和歌所，并编撰了《古今和歌集》的续篇《后撰和歌集》；而村上天皇的儿子一条天皇治世的时候，则编撰了《拾遗和歌集》，三本合称三代集。

与和歌一起流行的，当然还有平假名。自那之后，贵族们无论是通信也好写文章也罢，都能非常淡定地使用这种曾被自己不齿于用的文字了。

《古今和歌集》之后，日本列岛涌现出了一大批用纯平假名写成的著作，除了刚说的三代集外，还有比如藤原道纲母的《蜻蛉日记》，和泉式部的《和泉式部日记》，清少纳言的《枕草子》以及紫式部的《源氏物语》，等等。

因为这些著作里很大一部分是由宫廷女性所写，因此通常也被叫作女房文学。

说得直白一些，就是妹子们的故事。

而女房文学中，最具代表性的，当属《源氏物语》。

这本书我就看了个大概，因为对除了光源氏计划外的其他部分毫无兴趣，所以在此也就不细说了，以免误导老实人，只多一句嘴，那就是光源氏的原型，是嵯峨天皇的儿子源融。

不过有必要多说一句的是，尽管平假名托藤原时平之福而被发扬光大了，但严格说来却还是没有能登上最高殿堂。直至近现代，日本依然是一个汉字至上的国度，在正规的场合，比如天皇的圣旨里，仍是只有汉字和片假名，平假名一般是不用的。

所以南洋大臣张之洞说过，日本和中国，同文同种。

·和风压倒唐风

随着平假名的广泛使用，日本列岛上也随即刮起了一股名为国风文化的旋风。

国风文化，也叫和风文化，虽然官方通常对其的诠释是一场将大唐文化加以本土（日本）化的文化改造运动。但在我看来，这更是一场文化方面的独立战争，一场将日本文化从中国文化中剥离出来使其独立的战争，而遣唐使的终止和平假名的使用，正是战争的第一声枪响。

如果你觉得这么讲太冠冕堂皇而且生涩难懂，那我就换一个说法。

每当我们说起日本文化的时候，相信总会碰上那么一两个人连脑子都不动地一言以蔽之："这都是从中国传过来的。"

是，我不否认日本文化中有很多都来自于中国，这事从本系列的开头到现在一直都在说，而且接下来仍会说下去，但同样不可否认的是，也确实有很大一部分日本文化虽然的确跟中国有着那么一丝半缕的关系甚至的确是源于中国没错，但它们在经过岁月磨砺人为革命之后，终究变成了一种唯独日本才有的独立文化。

打个或许不怎么恰当但却很好理解的比方，就好像《火影忍者》里的那个自来也，这个形象的最初原型，是取自于中国宋朝时的神偷"我来也"，就是每次偷完东西必定要在人家墙上刷"我来也"仨字的家伙，尽管追根溯源真的能和中国扯上关系，但你能说那个生性喜好偷看别人洗澡随手能召唤出蛤蟆的好色忍者，是个中国人吗？

说得再那个一点，《火影忍者》这部漫画本身就充满了各种中国文化元素，很多术语典故甚至是人物形象都来自中国，可谁又敢说这是一本中国漫画？

讲道理到此为止，接下来开始摆事实。

国风文化中的产物有很多，大致包含了文学、艺术、宗教、服饰、建筑和工艺等几个方面，而其中最具代表性的，或者说最值得一提最为我们中国人所知的，具体讲来有四样：和服、阴阳道、樱花以及日本刀。

还是老规矩，一样一样说。

首先是和服。所谓和服这个称谓，其实是明治维新之后给想出来的，因为当时的日本处处在和西洋列强较劲，说是模仿着洋人搞维新，但心里总是不肯服输的，总觉得自己国家也不是没有好东西。为了体现出日本的好，他们针锋相对地把一些东西刻意地给区分成日本的、外国的，因为日本人自称大和民族，所以日本的东西也被叫作"和物"，比如和室，就是指配备了榻榻米等日式家具以及用日式装潢的屋子。

和服则是用来针对晚礼服西装衬衫领带等西洋服饰的"洋服"的产物。在此之前，这种日本传统服饰的名称一般被叫作"吴服"或者"着物"。

为什么叫吴服？

这还要从邪马台时代说起。曹睿曾经送过数批工匠去日本，这其中包括了一批织布方面的行家，也正因为有了这帮家伙，日本人才开始穿起了经过手工裁剪的衣服。

因为织布工匠们大多来自于中国南方的吴地，所以他们织出来的衣服便被叫作吴服。这批人在日本得到了史无前例的重用，后来还专门赐他们姓氏，叫作服部，就是专门做服装的部门。

有个著名的忍者叫作服部半藏，他们家祖上就是中国跑日本做衣服的。

所以你可以去看早年的和服，基本都带有强烈的中国江南风格。

到了奈良时代，也就是那段著名的全日本人民学大唐的岁月，某一年唐玄宗在接见某个遣唐使团的时候，赠予了他们大量的唐朝朝服，这批服饰光彩夺目，在日本大受欢迎，当时日本朝中的文武百官均羡慕不已。所以几乎就是在当年，日本举国上下便全都开始穿起了模仿隋唐式样的服装。

国风文化开始之后，跟别的东西一样，和服也进入了一个倾向于日本本土化的发展趋势，其样式不断发生着各种改动，但高层所用的宫廷服饰带有隋唐风格的特色却已经成了定型，再变却也不离其宗，所以也被叫作"唐衣"。

唐衣有很多种，其中最极品的，叫作十二单。

所谓十二单实际是一种穿着方式而不是字面意思的十二层单衣，说的是在单衣上叠十二层被称为袿的服装，袿轻薄透明，多层袿叠起时仍然能隐约看见单衣或表着的颜色，倍添朦胧恍惚的美感。

当然，这是女装。

这种也被称为五衣唐衣裳的服饰，至今仍是日本宫廷规格最高的正装，当年更是如此，绝非一般人穿得起，就算是贵族家的小姐，有时候也只能穿穿五单六单，就是叠五层或者六层袿。

顺带一提，近些年来有那么一类人，也就是传说中的汉服党，一直鼓吹和服源于他们身上的汉服，这其实是骗人的。

现代汉服和现代和服实际上是同一个根源下的两个分叉，简单而言就是一个爹下的两个儿，属相同的辈分，并不存在谁起源于谁的说法，事实上和服在后来还一度受到过西洋服装（主要是葡萄牙）的影响，它和日本文化一样，也是一种多元化的东西。

此外，我一直认为衣服穿在身上是为了好看保暖，那种打着什么复兴啊血统啊魂魄啊之类的旗号大肆宣传必须要穿什么什么衣服的，都是瞎扯。

其次是阴阳道。

这玩意儿最早的起源是中国周朝的阴阳五行学，飞鸟时代之前就被传入了日本，然后结合了日本本土的神道教，朝鲜半岛传来的佛教以及中国大陆传来的儒家思想以及风水学等，杂烩成了一种新的东西，即阴阳道。

在近代科学尚未导入日本的那个时代，阴阳道堪称是无所不能的，从测天气到看风水，从算国运定历法到杀妖孽于无形，几乎样样都能用上阴阳学，深受广大人民群众以及王公贵族的欢迎。

玩阴阳道的人被称作阴阳师，而提起阴阳师，知名度最高的当然是前面我们曾经提到过的那个安倍晴明了。

此人生于延喜二十一年（921年），正是国风文化席卷全日本的时候，之前也说过了，他应该是阿倍仲麻吕的子孙，看了从吉备真备那儿弄来的那本《金乌玉兔集》之后一跃成为了上知天文下知地理前三百年后三百年无人能够超越的超级大神棍，然后通过了自己的神力加努力，再趁着国风文化运动的这股风，将原先不过是洒圣水跳大神之类小把戏的阴阳道发展成了敢和日月争青天的神之学问。

安倍晴明的神迹有很多，比如天元二年（979年），那智山（和歌山县内）出现了一只危害人间的天狗，武艺高强力大无穷，满朝战将无人是其对手，为了国家安泰，晴明奉旨出山，以一招五行封印（真的是这个招数）将天狗收服，关进了结界之中使其永世不得超生。

再比如曾经有一次，有一个年轻的公卿挑衅地问晴明，既然阴阳术如此厉害，那能不能用其来杀死一只庭院里的青蛙？

晴明微微一笑，随手摘下了一片树叶，一番咒语之后，叶子突然就四分五裂，而那只青蛙也顿时如那片叶子一般，浑身裂开而死。

再再比如还有一次，有一个阴阳师下了战帖，要求和安倍晴明御前斗法，也就是在天皇面前比个高低。

天皇嘛我们都懂的，整天吃饱了没事干的闲散典型，一听说有这热闹看当然忙不迭地就把两人叫进了宫，还本着独乐不如众乐的心态顺手拉来了一大帮子大臣一起来围观。

斗法的主题很简单，叫隔板猜物。天皇事先让人偷偷地把十五只蜜柑放进了一只箱子里，再盖上盖子，然后拿到两人跟前叫他们猜里面是什么，并且声明胜负只此一次，谁要是输了，就拜那个赢的人为师。

话音刚落，前来挑战的那个法师就拍地而起："回禀陛下，这箱子里装的是蜜柑十五只。"

虽然当时在座的所有旁观者，包括天皇在内，大家都衷心希望安倍晴明能够胜出，可现如今被那人那么一抢答，就算有一百个不情愿，这胜利也只得属于挑战者了。

但是晴明却不慌不忙，双手结印念念有词了一番之后，微微一笑："陛下，箱子里是十五只老鼠。"

挑战者闻言哈哈大笑，说出了几乎每个反派临死前都会说的标准台词："安倍晴明，这一次你输了！啊哈哈哈！"

就连天皇也摆出了一张万分"残念（遗憾）"的脸摇着头表示这箱子里是柑子，安倍卿，看来你只能拜师了。

晴明仍是微笑："陛下，那就请您打开箱子吧。"

天皇觉得事已至此那就干脆让晴明输个明白吧，于是叫人打开了箱子。

箱盖刚一揭开，一群老鼠吱吱叫着便从里面窜了出来，不多不少，正好十五只。

　　这正是刚才安倍晴明作法，将那柑子变成了老鼠。

　　该故事流传于日本的平安时代中后期，而数百年后诞生的中国名著《西游记》里，也有类似的桥段，那就是车迟国斗法——蜜柑在当年的日本属稀罕物，一般被当作是珍贵药材，其价值未必亚于山河社稷袄，乾坤地理裙；而老鼠不管在哪个时代都是人人喊打的有害之物，差不多等同于那破烂流丢一口钟了。

　　在这里我并非是想说谁山寨了谁谁参照了谁，我的意思是，中日两国在文化方面的思维，本身就具备着无数共通之处。

　　顺便一提，那个被晴明斗败了的阴阳师名叫芦屋道满，熟悉各种阴阳师题材作品的人应该不会陌生这个名字，同时他也是掉节操程度远在本书之上的著名动漫《银魂》之中那位巳厘野道满的原型。

　　关于安倍晴明的故事就暂且说到这里吧，并非说完了没的说了，而是我突然良心发现了，觉得一个打着写历史旗号的作者是不应该用那么多编出来的事儿来凑字数骗稿费的。

　　其实上述所说的那些，唯一被记载于正史的，只有在天皇跟前封印天狗一事，其余的大多只见于各个时代的各种物语小说，或是被后辈阴阳师们用来显摆而口口相传的神话。

　　事实上安倍晴明之所以能在近几年里漂洋过海名声在外，主要是缘于日本著名作家梦枕貘所著的小说《阴阳师》。

　　要我说的话，我宁可相信安倍晴明是个妹控也不相信他能剑斩妖魔油锅捞钱。

　　说完了阴阳道，接着来扯扯樱花。

　　樱花如今已然是全世界都公认的日本象征，即便戴眼镜穿西装的诸学者们反复强调日本的国花乃是菊花，但依然有无数不明真相的群众们（包括日本群众）前赴后继地错把樱花当国花。

　　樱花的起源地通常被认为是中国大陆境内，何时传入日本至今已然不可考（也有人认为是列岛原产物），因为开花的时间是在春天，正好是准备播种开耕的时节，所以在上古时代的日本，樱花被当作是稻谷之神的居宿所在，也是农业的象征。

从上述这段话你就可以知道，在当年，这农业之花绝非是以不食五谷自居的半仙皇家所青睐的东西。

事实上也正是如此，在奈良时代，日本上层社会里最流行的花是梅花，王宫贵胄们如果要以花为主题吟诗作赋，最佳的选择通常都是梅花，据不完全统计，在奈良时代，比较出名的咏花和歌大概有160余首，其中写梅花的，就占了将近120首。

什么？你想知道为什么日本人会喜欢梅花？

难道你没听过这样一首歌吗？梅花梅花满天下，象征着我们巍巍大中华。

日本人喜欢梅花，除了紧跟中华品位的步伐之外，还能有别的原因吗？

顺便插一句，当年的日本人，也很喜欢牡丹。

国风文化之后，为了摆脱唐文化的影响，日本上下便开始找起了能够替代梅花的观赏品，找来找去，觉得符合既有日本特色又不失华美这一标准的，似乎也就是樱花了。

于是一下子风向大转，天皇开始赏起了樱花，而文人墨客们也都纷纷做起了与樱花有关的诗词文章。

几乎就是在那一瞬间，樱花"啪"地绽放在了日本历史的舞台上。

不过比较讽刺的是，当年的农业神花在登堂入室博得贵雅名号后，居然就此和庶民脱离了干系，在之后的七八百年里，赏樱花都一直是日本贵族们的专利，普通老百姓得以坐在花下喝酒赏樱，那已经是江户时代的事了。

最后，我们来说说闻名于世界的日本刀。

所谓日本刀，一般而言有两种含义，广义上，指的是产地为日本的刀具，哪怕是一把菜刀，只要made in Japan（日本制造），那就能称作日本刀；狭义上，则有个特指，指的是一种叫作武士刀的刀具，而这后者，正是国风文化时代的产物。

其实无论那些小愤青们愿意承认还是不愿意承认，武士刀作为一种兵刃，其在冷兵器时代那华丽的江湖地位，是难以撼动的。即便被称为天字第一刀都不为过。

实际上这一点大多数人都已经默认了，包括愤青在内，一般他们不会对此再做出什么异议，而是采取了一种退而求其次的手段，声称武士刀是源于中国的唐刀。

这种说法的动机一般有两种，第一种是有的人恨不得天下万物皆出于中华，这样一来就倍儿有面子；第二种是开网站卖刀的，主要经营什么龙（哔——）宝剑太（哔——）宝剑等，用来给自己打广告：瞧瞧，爷卖的是日本刀的祖宗，那祖宗的活儿能有错吗？错不了。

广义的那种made in Japan的日本刀，其实早在古坟时代（3世纪中至7世纪末）就已经出现了，现今还有文物保留，经过鉴定后发现那把被称之为金错铭铁剑的日本刀铸造于5世纪前后，跟唐朝没有任何关系。

不过这也并不代表日本刀和唐刀之间就完全没有交集，事实上在唐朝时候，很多中国造的刀被输入到了日本国内，因为和同时代的日本刀比起来，唐朝的刀确实有着很多它们所无法超越的优势，所以一时间备受日本人喜爱，很多刀匠也纷纷开始仿制了起来。

从唐朝直接进口到日本的刀，叫唐太刀；而日本匠人仿制的，则称作唐样太刀。

但是你得明白，无论是唐太刀还是唐样太刀，那都不是武士刀，因为前者都是直刀，而后者我们都知道，是弯刀。

在国风文化时代，日本刀开始出现了风格明显的变化，不再一味地山寨中国刀剑而是开始了自己的原创，比如把刀身做成弯曲状，俗称湾刀。

湾刀之所以要弄弯，据说是为了方便骑马砍杀。

总之，武士刀和所谓的"唐刀"之间，虽然不能说一丝干系都没有，但真要讲前者是从后者演变来的，后者是前者的祖宗，那就是扯淡。

国风文化的出现和流行，除了让后世的日本文化盛开出各种美丽的花朵之外，也给藤原时平的改革奠定了一层最初的思想理论土壤，亦让当时以及后来的诸权贵们明白了日本未必要事事都效仿中华，中华也并非样样都是最适合日本的，说得更直白点其实就是在开启民智，当然，被开启的并不一定是"民"。

然而，正当藤原时平既有理论又有实权准备大展身手的当儿，一场突如其来的重病将他击倒了。

几乎没有任何反抗的余地，延喜九年（909年），这位年轻的左大臣便离开了人世，年仅39岁。

民间一般认为这是菅原道真冤魂作祟——当年你一个回合赶我出了京城，现在我也投桃报李——一回合废了你的性命。

这种话，听过笑过也就行了。

虽然执政时期不过短短数年，但藤原时平所做的一切对后世的日本影响却很深，除去萌芽了国风文化之外，还留下了一部《庄园整理令》。

这其实是时平延续了道真的土地改革方针后所制定出的一个从法律上正式承认了土地的私有，认可了地主的存在的政策，该政策虽然在之后的两百年里被修改调整了数次，但终究还是万变不离其宗。可以说，日本从中国所效仿来的那一套天下土地皆为国有制度，到底还是被打破了。

第八章　藤原忠平

·好人一生平安

折花未必真无情，梅熬寒霜为待春。

延喜九年（909年），掌握着当时日本实际统治权的藤氏长者藤原时平去世，享年39岁。

不是说一定要年岁很大才能称之为长者才有资格给小辈们讲讲人生的经验，所谓藤氏长者，指的是藤原一族的家督。

鉴于藤原时平的儿子们时年岁齿尚幼，担不得国家大事，因此继承者是他的弟弟，29岁的藤原忠平。

藤原忠平在家排行第四，算是最小的儿子。自幼跟在三个兄长屁股后面混着，虽说二十来岁就已经是从三位权中纳言了，可实际上压根儿就没干过几件像样的大事，也别说大事了，这位爷根本就是一个跟政治活动绝缘的文化人。

想当年藤原时平跟菅原道真斗得你死我活那会儿，藤原忠平作为妥妥的藤原家一员，非但不站队自己的亲哥哥，反而还跟菅原道真走得特别近，两人隔三岔五吟诗作对喝喝革命小酒，感情特别好。

对此，藤原时平倒也无所谓，公是公，私是私，他分得很清楚。

即便是继承了家业之后，藤原忠平也依然是以一副宽厚仁慈的面目出现在朝中，谦卑低调，从无半点跋扈。

好人成为政坛魁首，看起来挺可喜可贺的，实际上全然不是。

作为一名一流的政治家，藤原时平在位期间，为国为民做了很多事情；但作为一个寿命不怎么长的人，他在位期间做的很多事情，其实都没做完。

这些事情，需要藤原忠平来继续。

最主要的有两件，第一件是制定延喜式。

延喜式和弘仁式、贞观式并称三代格式。

格式在日语中指的是律法细则。

延喜式作为日本中近世最重要的根本大法，里面的很多内容一直被沿用到了江户时代，像我们今天所熟悉的令制国，比如萨摩（鹿儿岛县），尾张（名古屋县）之类的国名、规格等，都是在延喜式中被确定下来的。

整部律法共50卷，3300条，从延喜五年（905年）开始由藤原时平主持编纂。

这确实是一个挺难的差事，可再难也无非是文化圈的干活，难不倒被菅原道真高度评价为"才华天下无二"的读书人藤原忠平。

关键是第二件——《庄园整理令》。

且说当年，菅原道真曾经搞过一场土地革命，旨在要求各地土豪按照自己土地的多寡缴税给朝廷，同时抑制土地兼并，尽可能保障农民的生存环境。

这事儿一开始藤原时平是反对的，两人为此还斗了个你死我活，但在道真死后——主要是国风运动顺利展开后，藤原时平仍是按照这个路数，弄出了一部《庄园整理令》，以期改革土地制度。

我们知道，你要地主劣绅缴税，他们必定是一百个不乐意，更何况缴税的多少是按照土地的大小来计算的，这意味着每一个土豪有多少地，又必须得去认真测量。

事实上除了菅原道真和藤原时平，当时的日本还真没有人能干这种难度又高又得罪人的活儿。

结果苍天无眼，两位爷先后创业未半而中道崩殂，改革的重担落在了一辈子没怎么得罪过人的藤原忠平肩上。

藤原忠平很痛苦。

他召集手下，开了个会，主题是土豪赛老虎，我们怎么办？

与会的部下们普遍觉得我们奉天皇旨意，继先辈遗志，救天下苍生，怎么着都是光明伟大正确的，当然应该跟那些土豪斗一斗，把特权关进笼子。

藤原忠平点点头，表示道理我都懂，问题是怎么关？

当时日本的那些庄园主，其实已经渐渐地有了日后战国时代诸侯大名的雏形了：不光有土地，还有私家卫队。纵是奉天承运，可想要干掉他们，还真得真刀真枪地费一番功夫——尤其是一些大土豪，不光有私兵数千，还跟朝廷中枢的大员们关系密切，你中有我盘根错节，根本干不掉。

就在一筹莫展的时候，有人提出了一个新思路：土改无非是手段，要紧的还是给朝廷增加赋税，只要赋税增加，干吗偏要去惹那些惹不起的人呢。

于是问题就瞬间变成了如何在不得罪大土豪的前提下弄到钱。

答案是只拍苍蝇，不打老虎。

土豪很多，未必各个都厉害，我们可以欺负一下小地主嘛。

当时藤原忠平就拍了板，决定继续在全国范围内推广《庄园整理令》，不过手段较之之前有了些许变化，那就是不再搞一刀切的违法必究了，而是只针对那些新兴的，没啥后台的，势力也很弱的小土豪，还有就是宗教团体——主要是神社。

这样一来果然顺利得多，不仅国库充盈，而且农民的利益也得到了相对的保障，最主要的是朝廷能够借此法令，多多少少加强了一些对土地的掌控。

因为有此大功，藤原忠平被天皇加封为大纳言，兼左近卫大将。延长二年（924年），升任左大臣。

·守皇宫的大头兵

当时忠平的官职多得已经一篇微博都写不完了，以军事方面为例，除了全国最高统帅近卫大将外，他还兼着藏人别当这个差事。

藏人别当，用今天的话来讲就是宫内厅长官，天皇的御用秘书长。

虽说看起来是个文官，但在从前，藏人别当不仅要负责政务，皇宫内外的安全工作名义上也归他管。

某日，已是万人之上的藤原左大臣心血来潮，带着几个随从便在皇宫里溜达了起来，想亲自视察一下禁宫内保安工作做得如何，看看有没有人旷工偷懒，混饭划水。

然后没走几步就看到一个小伙子蹲在一处拐弯角，背上斜挎着弓，一手拿着刀杵在地上做支撑，箭筒和箭则很随意地散落在地上，一副退休老干部晒太阳的架势。

这还了得，藤原忠平连忙走上前去，用异常严厉的口吻问道："你是何人？为何在皇宫禁地如此放肆？"

不承想那位小爷却是出人意料的淡定，撑着刀站起身子，欠了欠身子算是行了个礼，连地上的弓箭都没打算捡："左府大人，您已不认得在下了吗？"

纵算藤原忠平脾气是真的好，可身边人却再也忍不住了，一步跨上前来，用近乎凶狠的口吻重复了一遍藤原忠平的台词："你是什么人？敢这般肆无忌惮？！"

而小伙子却连眼珠子都没转一下，只看着藤原忠平："左府大人，您忘了吗？我是小次郎啊。"

藤原忠平当场"啊"了一声，便没再说话了。

小次郎，全名相马小次郎，也叫丰田小次郎，不过他真正被广大人民群众所知晓且在史书上被大书特书的那个名字，是叫平将门。

这一年，小次郎二十来岁，只是一名泷口武士。

平安时代的日本，虽说整个皇宫固然都是皇家的，但天皇真正的主要政务活动场所，也不过就是清凉殿一带，连带着周边一整块，称之为泷口，守卫泷口的，称之为泷口武士。

泷口武士的地位其实并不太高，拼死拼活做到最大也不过是个正六品，但由于工作地点和性质非常特殊，因此也绝非随便哪个路人甲或者小贵族的子弟就能当的。

以相马小次郎为例，他爹平良将，是镇守府将军；爷爷平高望，上总国（千叶县）的一把手兼关东地区大土豪；太爷爷是葛原亲王；祖爷爷是桓武天皇。

不错，平家和源家一样，都是从皇族中分出来的。

相马小次郎自十六岁起，就被送到藤原忠平府上做家臣——虽说祖上是天皇，可终究是几代人之前的故事了，跟一手遮天的藤原北家比起来，几乎不值一提。事实上即便在今天的日本，很多小公司的公子爷在大学毕业后，也会先去一些大公司里做基层，算是磨炼。

结果因为小次郎弓马娴熟兼根正苗红，很快受藤原忠平的赏识而被推荐进入皇宫看门，只是万万没想到，一进宫这小子就跟换了个人似的，开始混日子了。

藤原忠平想起了小次郎，便再也严厉不起来，只是以对待晚辈的口气问道："小次郎，我委以重任让你在此禁宫重地守护天子，你何以至此？"

小次郎很是实诚："我自幼出身弓马之家，只愿驰骋疆场，干不来这看家护院的生计。"

忠平叹了一口气："现如今天下还算太平，哪来的疆场给你驰骋？"

小次郎则毫不退让："既是如此，那我宁愿当个检非违使，无论佐尉，却也是威震一方。"

检非违使，就是集公检法于一身的中央司法部门，长官叫别当，副官称佐，佐之下称尉。

相马小次郎的意思很明确，自己不想做保安，想做警察，做警察的目的倒也未必是除暴安良，而是要威震一方。

这要换了哥哥藤原时平估计早一巴掌呼过去了，但藤原忠平毕竟是藤原忠平，听闻此言，只是苦笑着摇了摇头："你这后生，倒是会异想天开。"

他是真的一片好心，觉得满世界抓犯人的检非违使哪有战斗在国家中枢机关心脏的泷口武士有前途，所以拒绝了小次郎的想法，只劝说他好好在皇宫里看门。

然而此时相马小次郎满脑子的想法只有一个——王侯将相，宁有种乎？

就算有，我也是如假包换的皇种好不好？

·我从哪里来

延长五年（927年），发生了两件对日本历史影响颇深的事，一件大，一件小。

大事是延喜式终于编完了，伴随着这套格式的完工，日本也正式进入了一个相对政清人和的时代，史称延喜之治。

小事是一个叫宽辅的日本僧人造访了位于后周济州（今山东省）境内的一座寺庙，在该庙里，他和一名法号义楚的中国和尚交谈甚欢，在宽辅离去后，那位义楚和尚把从对方那里听来的各种日本见闻趣事结合了自己平日里对日本的了解，然后写成文章，编进了一本叫《义楚六帖》的著作中。

在这本书里，义楚是这样描述日本的：日本国亦名倭国，在东海中。秦时，徐福将五百童男、五百童女止此国，今人物一如长安……又东北千余里，有山名"富士"，亦名"蓬莱"，……徐福至此，谓"蓬莱"，至今子孙皆曰"秦氏"。

这是两国历史上第一次将徐福和日本联系在一起的记载。

之后就如黄河泛滥，一发不可收拾。论点倒是相当集中，认定当年著名方士徐福为秦始皇出海寻求长生不老之药，结果东渡到了日本，带着五百童男童女就地繁衍生息，将中华文明的种子播撒在日本的大地，成为了日本文明之祖。

那么真相究竟如何？

先从《义楚六帖》说起，此书对后世的影响非常大，特别是关于徐福的那段记载，在之后几百年里，无论中日哪国，但凡有人持徐福东渡的目的地是日本这一观点的，其理论基础和认知根源，几乎都来自于这本书。

而随着时间的推移，徐福去日本的故事也被增添了新的内容，那就是很多人认为，徐福不光光是去了日本那么简单，在去的同时，还把华夏文明给带了过去。

像北宋文豪欧阳修就有诗云：传闻其国（日本）居大岛，土壤沃饶风俗好，其先徐福诈秦民，采药淹留丱童老；百工五种与之居，至今器玩皆精巧，徐福行时书未焚，逸书百篇今尚存。

在诗中，欧阳修不但肯定了徐福到过日本，还坚信他东渡时带走了大量典籍，这一举措使得中国在遭秦始皇焚书坑儒时的损失被降低到了最小，至少那些被烧掉的书，有很多都在日本被保存了下来。

应该讲，欧阳六一的观点在日本很是受用，尤其是后半段，居然真有日本人借此公开表示，孔子全经，唯存日本也。

对此我无话可说。

此外，元朝的学者吴莱，明朝开国皇帝朱元璋，明朝大臣宋濂等人，也都认为徐福东渡到了日本，并且为那里带去了文明的曙光，同时，这些人也各自留下诗赋文章，以表心思。

除了中国历朝历代都留有白纸黑字之外，日本方面对此也有不少的相关记载。

不过话得说回来，尽管日本人里头持徐福东渡到日本这一观点的并不在少数，但他们基本上都是受了中国人的影响，能够有自己独立思考然后写成著作的，数来数去也就一本，叫《富士文献》。

这本书的成书时代至今已不可考，主要内容是说徐福东渡日本列岛，给当地带来了耕种技术和医药知识以及其他文化工艺，并且还在日本繁衍了子孙后代。

全书通篇由万叶假名和汉字写成，而作者据说不是别人，正是徐福本人。

我估计藤原时平要知道了这本书的存在，多半会不高兴的。

而在两国的这一系列雷同的观点之中，流传最广影响最大的（仅限中国范围），当属大清同治年间的驻日公使馆一等书记黄遵宪的观点。他不仅认为徐福最终目的地是日本，并且还提出了一个惊世骇俗的新观点：徐福就是日本历史上的第一位天皇——神武天皇。

根据黄遵宪的推理，日本的天皇一直都自称自己有神力，并能通过祈祷拜神来呼风唤雨——这说穿了不就是跳大神的吗？不正是徐福的老本行吗？

而天皇之所以自称是神，自诩能和神对话，不光是要以此将自己对日本的统治合理化，更可能是出于一种祖传的职业习惯——由老祖宗徐福代代相传下来的职业习惯。

就好像尽管今天我们绝对不会再有人每年给学校送肉干了，但也仍旧沿袭了当年孔子把学费叫作束脩的说法，这是一种烙印式的习惯。同理，即便已经是国家政治领袖的日本天皇，因为其祖上乃是拜神方士出身的缘故，所以子孙后代也念念不忘在治国的同时拜神祭神以及以神自居。

说句实话，这是一个非常牵强且不靠谱的推理，黄遵宪自己也明白，所以他同时也给出了相关证据，那便是三神器。

所谓三神器，指的是象征天皇正统身份的三样神器——八咫镜、八尺琼勾玉和天丛云剑（也叫草薙剑）。

这三样东西经常看动漫的同学肯定不会陌生。

黄遵宪认为，三神器其实都是中国秦代的制品，徐福东渡日本后，将其作为了皇家的象征。

所以，徐福的最终目的地是日本，而且还当上了天皇——就算退几步讲，也应该是徐福船队中的某一个人，成为了日本第一代天皇。

该说法一经出口后立刻被广泛转播，数百年来势头不减。

一切的证据，似乎都表明，徐福极有可能去了日本，而且还极有可能是日本最初的统治者，或者是日本文明之祖。

·真相只有一个

当然，浮于表面的证据在很多时候都并非真相。

我们仍是从《义楚六帖》的那段话入手，一条一条地扯。

那段话虽然挺长，但真正涉及主题的只有两点：第一，徐福到了日本之后，把尚无名号的富士山命名为蓬莱山；第二，徐福和他随行的那伙人在日本繁衍子孙，并称秦氏。

富士山大家都知道，是日本的国山；而蓬莱山则是中国传说中的仙山，据说上面住着神仙，不过虽然这山很著名，但千百年来却并无一人知道此山究竟在何处，书里一般也只能讲个大概，说是在渤海那里。当年汉武帝曾东巡寻找此山，费了很大的功夫却仍是一无所获，只能在渤海海边造了一座小城,命其为"蓬莱",聊以自慰,那就是现在的蓬莱市。

而蓬莱山与富士山这两座山之间最大的共同点就是它们在上古时代都以盛产长生不老药而著称。

蓬莱就不说了,徐福正是冲着药才东渡的;而富士山,其实还有个名字,叫不死山(日语中"富士"音近"不死"),能得此名,全因为盛传那里出产不死之药。

那么,蓬莱山有没有可能就是富士山呢?如果两座山其实是一座山的话,那徐福到日本起山名这一行为自然也就能说得通了。

很遗憾,虽然至今也没有人知道蓬莱山到底是哪座,但至少可以肯定它绝非富士山。

中国方面自不必说,除了义楚之外基本就没什么人把富士山当蓬莱山的,倒是有人把整个日本都认为是蓬莱仙岛的,或者将其称为瀛洲。

瀛洲是和蓬莱齐名的仙地,自古就有将蓬莱、瀛洲、方丈,合并称三神山的说法。

说到这里就有必要要来辟个谣了。

瀛洲这个叫法,使得很多人都浮想联翩:徐福当年要去仙山求药,虽然主攻目标是蓬莱没错,可瀛洲也是跟蓬莱一个级别的地儿啊,肯定也住神仙产神药不是?那么有没有可能是徐福到了日本之后以为自己到了瀛洲,于是便以仙山作为其别称呢?

个人认为是完全不可能的。

因为瀛洲从来都不是日本的正规叫法,正确的叫法应该叫东瀛,而东瀛的意思指的是"位于东面大海上的国家",和仙山瀛洲无一毛钱瓜葛,并且东瀛二字一般认为是清朝才开始有的称呼。

而日本那边,也从来都不觉得富士山就是蓬莱山。早在公元10世纪初,蓬莱山和富士山就作为两座不同的山同时出现在日本的一本书中,那本书的名字叫《竹取物语》,是日本最早的物语文学作品。

所谓物语文学,其实也是国风文化的产物,正经的说法是日本特有的一种古典文学体裁,在文字表达形式上受了中国六朝以及隋唐时代传奇文学的影响,其巅峰之作我们提过,就是《源氏物语》。

既然当年日本人都知道蓬莱山和富士山是两座山，那么好歹也勉强算是个一代高僧的宽辅，又为什么会把两座山给弄混淆了呢？

其实未必是他的错，问题多半出在本身既不清楚蓬莱到底位于何方同时也对日本几近一无所知的义楚身上。

如果我们试着还原一下当时那两个和尚对话的场景，或许应该是以下这样的——

宽辅：在我们日本，最有名的山是富士山，以前也叫不死山，因为传说上面有长生不老的药喔。

义楚：哎！长生不老啊，那不是跟我们中原的蓬莱山很像？蓬莱山上自古就住着神仙，还出产长生不老的神药。

宽辅：蓬莱山？我好像在哪里听过这个名字啊……对了对了，是《竹取物语》，义楚师傅看过这本书吗？

义楚：我对你们日本的事情不熟，不过说起蓬莱山，我记得秦朝的时候，有一个叫徐福的方士，为了求得长生不老之药而出海东渡，最后不知所终，但也有很多人说，他最后来到了仙山蓬莱，并且得道成仙了。

正题说到这里就算告一段落了。

因为义楚对日本真心不熟悉，再加上蓬莱山到底经纬度几何在当时的中国也没个定论，所以和宽辅聊着聊着，他就觉得这富士山就是蓬莱山，而那找蓬莱山的徐福，找到的正是富士山。

于是，就有了"徐福至此，谓'蓬莱'"这话。

上述这段现场还原你当然可以不信，我无所谓，反正我也不指着靠蓬莱山和富士山来证明徐福有没有去过日本。

关键是第二，至今子孙皆曰"秦氏"。

这怎么可能。

徐福是公元前东渡的，日本秦氏一族是秦皇后裔，怎么能是他的子孙？也别说不是他的了，就算是，那秦氏一族乃是4世纪从朝鲜半岛跨海而来的渡来人，这岂不正好说明徐福没去日本而是去了朝鲜？

若是想用义楚和尚的这段话来证明徐福去了日本，那真的是很站不住脚的。

既然认定了《义楚六帖》不靠谱，那么由此衍生出来的其他诸如欧阳修朱元璋等人的言论也就没有再作深究的必要了。因此我们略过这一干人等，直接来看《富士文献》。

这本书吧……虽然万叶假名跟汉字结合而成的书籍确实很给人以时代感，可是如果你真的肯仔细认真阅读原文的话，你就会发现，该书的遣词用句和文笔语法，清一色都是江户时代的风格。

江户时代的书却用飞鸟时代的文字，说白了，这其实是有人故意在伪造。

说完《富士文献》，接下来我们再来说说黄遵宪的徐福神武论。

这个论调其实是扯淡。

首先，神武天皇是不存在的。

这个我们之前就已经讲过了。

你拿一个真实存在的人套在一个不曾存在过的人身上，然后还正儿八经地当真事儿讲，这就很尴尬了。

其次，退一万步讲，假设神武天皇存在，那么根据史书记载，此人在公元前660年的2月11日即位称王，而徐福的活动时代则是在公元前200多年那会儿，差了太多了。

所以不管你怎么想，徐福跟神武天皇都不可能是一个人。

·三神器这种东西

关于黄遵宪提出的另一个证据，也就是三神器，那仍是在胡说八道。

试想，一个连见都没见过三神器的人，有什么资格说出三神器乃是秦朝产物这种话来？俗话说眼见为实，他连那三样东西多大多长什么颜色都不知道，却说是何时何地产的，能有多少可信度？

什么？你反问我凭什么断言黄遵宪没见过三神器？

废话，这世界上除了天皇之外，就没有人亲眼见过那三件宝贝。尽管历史记载了三神器在各种人手里辗转不断，围观者甚众，但时至今日，也没有任何照片或是视频流出，撑死给你两张想象图或是参照图过过干瘾。近两年来更是有传闻称，哪怕天皇身边的侧近，亦无人能得以目睹其芳容。

这并非空穴来风，话说上一代昭和天皇葬礼时，根据传统是要用到三神器的，即便是这个时候，诸侍卫们也只是捧着三个自称里面各自装着宝贝的箱子跟在送葬队伍后面，但箱子里到底有什么是什么什么样，他们一概不知。

如此高度保密的东西，黄遵宪一个书记官怎么可能见得到？既是没有见到，又没有别的依据，那么轻易地认定三神器是秦朝之物的观点自然也就等同于瞎猜了。

不过因为太过神秘，以至于现在也有说法认为，三神器其实不过是一个传说，实际上并没有这种东西。

这个我不予评价，因为我也不知道该如何去判断，但是从历史的种种记载上来看，三神器就算有，那也不该是秦代时流传去日本的东西，个人觉得，倒是很有可能是三国时的产物。

八咫镜、八尺琼勾玉和草薙剑，通俗来讲就是铜镜、玉石做的装饰物和宝剑，分别代表着"知""仁"和"勇"这三种品质。

我们在说三国时代邪马台王国和中国交往的时候，曾经提到过曹魏给了邪马台许多宝物，作为他们前来进贡的还礼，而这些宝物里，有铜镜，有刀剑，还有各种珠宝。

到底是什么珠宝至今也没人知道个中详细，但基本上也不外乎是玉石玛瑙之类。

由于在此之前，中国并无记载有给过日本上述的这些东西，故而我们有理由相信，传说中的三神器如果真的存在的话，那应该就是来自于曹魏的那批回礼之中。

这并非空口白话，事实上在上古时代的日本，玉、剑、镜这三样东西的组合并非仅仅是皇家的象征，同时也代表着"支配"。根据史书记载，上古日本，当一方豪强向中央政权表示降服之意时，往往会献上玉、剑、镜这三大件，以表诚心。

这就证明三神器其实并非独一无二的宝物，很有可能是量产的，这很符合实际情况——曹魏当年给邪马台的珠宝、刀剑和铜镜都是复数的，光铜镜一次就给了一百个。

不仅如此，且说日本现今为止保存的最古老的玉剑镜三大件组合，是在位于九州北部的长崎县出土的，而那地方当年正好就是邪马台联邦的地盘。

也就是说，象征着天皇家的三神器，基本可以断定系出自三国时期曹魏回礼给邪马台卑弥呼的那堆宝物之中，同时也说明，那三样东西跟徐福是完全没有关系的。

于是我们完全可以认为，徐福绝不可能是日本国王，更别提是什么神武天皇了。

至于他到底有没有到过日本，我认为答案也是否定的。

我知道这话一说出口肯定有人不服，觉得上述这些尽管证明了徐福不是天皇，却也不足以证明徐福没到过日本。

那么好，听我接着说下去。

说之前我们先做一个假设，假设徐福其实是到了日本了，那么之后会发生什么？

很简单，秦朝时的中国已经具备了很发达的文字表述技术，徐福如果真的到了日本，肯定会用文字留下痕迹，最差最差那也得写上一句"徐福到此一游"。

可事实是什么都没有，既没有长篇大论，亦没有只字片语。

不仅如此，早期的日本对于徐福的记忆，也完全是零。

还记得当年的日本人是怎么说自己的祖先的吗？对，"自谓太伯之后"。

一直到南北朝，中国史书里在提到日本人时，都会记上这么一句。

要是他们是齐地出身的徐福以及那一群来自中国各地童男童女的后人，又怎么会数百年来都一直众口一词地坚称自己身上流的是吴越之血？又怎么会数百年来都一直坚持着诸如断发文身之类的吴越风俗？

留下来的文字或许可能会失传、焚毁，可一整个民族的记忆，又岂会被篡改？

可以说，无论从中国方面还是日本方面来看，我们都找不到任何证明徐福在那里待过的痕迹。

如果你认为徐福和那几千人是属于那种到了日本后默默地生存了下来默

默地传播着文明，没有留下任何蛛丝马迹地终老到死，那么我提醒你，你该吃药了。

所以我们可以就此得出一个最终的结论：徐福其实并没有到过日本。

你要觉得我这么说太绝对，那我换一种讲法：徐福东渡到日本的可能性，无限接近于零。

当然，即便话都已经说到了这个份上，但我相信必然还存在着很多尚且不死心的主儿，仍然毅然决然地相信徐福是去了日本的，并且还会拿出这样那样的"证据"来加以"证明"。

从过去的各种记录来看，这样的家伙还真不少。

比如有人说在日本有徐福墓，而且修缮得非常赞，这足以证明徐福到过日本，而且还是举足轻重的大人物；再比如还有人说，徐福真的到过日本，他还有后裔呢，日本前首相羽田孜就是徐福之后，他自己承认的，这总是比什么都强的证据了吧？

虽然上述两段言论稍微推敲一下就会发现其中满满的破绽，但似乎近些年来还挺流行的，到处都有人拿着它当宝贝似的显摆当作鼓舞虚荣心的强心剂，所以我还是多费些口舌，来将其一一推翻吧。

关于徐福墓。我承认日本是有徐福墓，但不止一座，仔细算来貌似少说也有七八个坟头，遍布日本各地，而且还都挺新，最多也就几百年历史。

你觉得，那里面埋的可能是徐福吗？

再说得直白一点儿，你觉得那里面可能埋着人吗？

你要真觉得那就是徐福墓的，我建议你去挨个儿挖一下看看里面到底有没有埋人，如果有，再检测一下看看是不是秦代的。

不要说忌讳这个忌讳那个，这年头哪还有考古界不敢挖的坟？

事实是这帮人精知道，就算去挖也挖不出什么来，何必浪费时间精力和预算，还不如给某些人留点美好的念想呢——其实所谓的徐福墓，纯粹是后人相信了徐福来了日本，所以弄一个来纪念纪念的，就跟中国的孔庙关公庙差不多，你要当真信了，那也就输了。

然后是前首相羽田孜承认自己是徐福后裔的事儿。

此事之所以在坊间流行，主要是缘于这位首相曾经公开表示自己是秦皇后裔。然后话音未落就离奇地像被人抓住了什么把柄似的到处宣传，传来传去之后就如火如荼地变成了"羽田前首相说他的祖先姓秦，祖上是率领童男童女从中国来日本的徐福的随员"。

还有一个升级版——"日本前首相是徐福后裔，所以徐福到过日本"。

羽田孜是秦皇后裔，这个不假，秦氏一族里确实有一支改姓了羽田，这个我前一部书里说弓月君时貌似忘记讲了。

但关键是，公元4世纪前后从朝鲜半岛渡来日本的秦氏一族，怎么可能跟徐福扯上关系？再者说了，徐福区区一跳大神的方士，他的随员里怎么可能有秦国皇室的成员？

所以得出的结论仍然是一样的：以上言论完全站不住脚，根本不能证明徐福到过日本。

或许有人会觉得我是一个很扫兴的人，每次都要在他们那已经迸发了的某些激情热血上浇一盆冷水。

其实浇冷水的不是我，而是历史。

我之前就一直在那里反复地强调，历史最重要的就是证据，没有确凿的证据，哪怕是听起来再靠谱的推理或是再鼓舞人心的话语，都不能被视之为真实。

大致，就是这样吧。

· 求雨的，被雷劈了

徐福的故事就此结束，话再说回平安乐土。

延喜之治对于日本意义重大，不光因为它是繁荣盛世，更因为它标志着日本进入了一个皇权时代——国家政务皆由天皇亲政决断，豪门大家再家大业大，也不过只是在旁辅佐而已。

能有此治世，最大的功臣当属藤原忠平。

要说这真的是个好人，权力滔天但从来都克己奉公，和从前以及之后藤原家那种挟天子号令天下的家风格格不入。

当时的天皇是第六十代醍醐天皇。这人文化修养极高，能写一手非常漂亮的草书，但在政治方面基本没啥建树，全靠了藤原时平、菅原道真以及藤原忠平这三位在那儿轮流先后支撑大局。

延长八年（930年），日本全国大旱，饿殍遍野，灾民无数。

奏报传至京城，按照惯例，醍醐天皇召集群臣开会，商讨对策。

然后又按照惯例，大家觉得首先应该先干人事，就是赈济灾民，降低伤害；接下来则要行神迹——让天皇依传统跳个大神，乞苍天降雨。

醍醐天皇准奏了。

只不过关于求雨的细节还需要进一步讨论，因此在延长八年六月二十六日（930年7月24日），天皇又在清凉殿召开了一次太政官会议，进行商榷。

本来就已是炎夏，再加上整整半年多没下雨，又配上各处报灾的沉重气氛，使得那一天的与会者感到尤为闷热，就算置身清凉殿中，也丝毫感受不到半点清凉。

于是大家只能把殿门大开，尽可能靠着门口坐，希望能吹吹风啥的。

会议是从中午开始的，一群人扯淡扯到一点半，基本已经定下了方案：准备让天皇在七月一日清早开始跳大神，一连跳三天，必然能下雨。

正说着，时任民部卿的藤原清贯突然就从坐垫上猛地蹿了起来，一手指着门外的天空："快看，云！云来了！"

大伙下意识地回头张望，惊喜地发现一片厚厚的乌云从爱宕山那边的方位正朝着自己飘来。

顿时群臣激动，果然是上苍佑我大和，这雨，要来了。

唯独天皇有些失落：朕还没跳大神呢，怎么就下雨了？

右中弁平希世连忙拍马屁：弓还没射那人就倒下了，这正说明陛下水平高啊。

很快，那朵乌云越飘越近，淅淅沥沥地也开始下起了雨。

雨，越下越大。

伴随着这倾盆雨点，还有电闪雷鸣——这是自然常识，没有任何人会觉得意外，久旱逢甘霖，不光是清凉殿，整个平安京，都高兴坏了。

就在此时，一道霹雳闪过，紧接着就是咣的一声巨响，然后劈中了清凉殿西南方的第一根柱子。

和柱子一起挨劈的，还有人。

藤原清贯被当胸劈中，衣服烧焦不算，整个胸都被雷给劈裂了。

殿外负责保卫工作的右兵卫佐美奴忠包，被雷打中脑袋，当场死亡；纪荫连，被打中腹部，当场死亡。

最可怜的是平希世，刚拍完马屁就被闪电劈中了脸，瞬间倒地不起，半死不活。

同时殿外还有两名卫兵也被殃及，当场死亡。

一时间，整个清凉殿哀鸣一片，醍醐天皇虽说没挨着雷劈，但也吓得不轻，整个人都蒙了，瘫痪在地，瑟瑟发抖。

这真的是迅雷不及掩耳啊。

侥幸没死的其余护卫们反应过来，赶紧先把天皇架起来，迅速转移至常宁殿，紧接着又把藤原清贯和平希世放入牛车，分头从两个门秘密运出宫外，以免让人知道后生出事端。

藤原清贯是当场死亡，放在车里的时候就已经是尸体了；平希世比他多活了半小时，硬撑到出了宫门，死在了回家的路上。

史称清凉殿雷击事件。

尽管朝廷铆足了劲儿地做了保密工作，可这事儿在当天就被传开了。

倒不怪有人泄密，而是这次雷击事件的受害方并不止清凉殿一处，整个京都内多地都不同程度遭了劈。

只不过坊间的传闻相当不和谐，说是菅原道真显灵了，回来报仇了。

按说这个讲法很不靠谱，所谓冤有头债有主，菅原道真真正的仇人藤原时平早二十年前就去世了，你不管三七二十一雷劈全京都算哪门子的报仇？

然而这种小问题在人民群众丰富的联想力面前根本就不是个问题，很快大家就为自己的论调找到了依据——话说当年菅原道真左迁大宰府，藤原清贯经常前去找他聊天，说是友好沟通，其实是奉了藤原时平的命令去监视道真的生活状态，同时每次聊天过后，清贯都会把自己的监视成果整理成文，汇报给藤原家。

果然，这次遭报应了吧。

另一方面，醍醐天皇当天就因惊吓过度而不省人事，于当年10月驾崩，享年45岁。

继位者是皇太子宽明亲王,史称朱雀天皇。

那一年,他才8岁。

根据醍醐天皇遗训,藤原忠平出任摄政。

忠平明白,自己又要扛大梁了。

这菅原道真哪是报复藤原清贯啊,根本是在报复自己好吗?!

第九章　平将门

·天下大乱，自关东始

应该讲，即便是在历代天皇中，朱雀天皇也是属于运气不怎么好的那种。

比如他刚登基还不满一年，富士山就火山爆发了，造成了数百人的伤亡。

次年，鸭川发大水，又是灾民一片。

第三年，九州大地震。

一连串的灾难下来，十来岁的朱雀天皇其实并没有什么心理波动，倒是藤原忠平，觉得上天简直是在专门跟自己过不去。

于是藤原忠平吃斋念佛一心向善，总算第四年没发生什么太大的恶事，勉强凑合地对付了过去。

然后第五年，也就是承平五年（935年），有人来报，说关东出了点儿乱子。

当乱者不是别人，正是当年那个泷口武士，相马小次郎。

此时他早已不在京城，回了关东的佐仓老家（今千叶县佐仓市），继承了父亲平良将的领地，还改了名字，唤作平将门。

平将门有一个叔叔，叫平良兼，还有一个伯伯，叫平国香。

这两位都不是什么好人，仗着自己是长辈，趁着平良将死得早，巧取豪夺了不少本该属于平将门的遗产。不过也不白拿，像平良兼，就把自己的一个女儿嫁给了平将门做妾。

这个女儿据说是整个关东地区百里挑一的美女,仰慕者甚多,比如常陆国(茨城县)一把手源护的三个儿子:源扶、源隆和源繁。

三兄弟同时看上了一个姑娘,可惜姑娘已经嫁了人,本来因为这事儿大家对平将门就没甚好感了,然而最可怕的还不仅于此——源护有个女儿,爱平将门爱得死去活来,一定要嫁过去做小,拦都拦不住。

这下就真的惹众怒了,源家三兄弟觉得自己受了侮辱:你抢了我们的女神不算,还顺带勾搭了我们的亲妹妹,这是要闹哪样?

要不我们拿妹妹跟你老婆换一换?

平将门表示不换。

这要真换了那妥妥的历史剧就得变成家庭伦理剧了。

源家三兄弟觉得平将门是个给脸不要脸的东西,于是便下了战书,说是要决战,赢的那方,能得到平良兼的女儿。

决战地点位于常陆国的野本(今茨城县筑西市),这地方当时是源家的领地。

当年(935年)2月,平将门率数百骑兵如约杀到,一场激战后,原本以逸待劳的源家军被打得落荒而逃,平将门则一路追击到了大串(茨城县下妻市),接着,又撑着三兄弟打到了真壁(茨城县真壁郡)。

真壁算是源家的大本营,源家哥仨等于是无路可退,于是只能硬着头皮再战。

结果是又大败,三个人被全部击杀。

平将门在真壁周围的各村庄挨个放火抢劫,完事后下令,继续追击。

部下以为是要直接攻打源护所在的源家御馆,于是连忙劝阻,表示那好歹是朝廷钦定的封疆大吏,打了是不是不妥啊。

平将门摆摆手:我们不打源公馆,我们打石田。

石田是地名,就在真壁边上,那里住着平将门的伯父平国香。

这地方原本是平良将的领地,也就是平将门被强占了的遗产的一部分。

于是几百骑兵发起了突袭,没有任何准备的平国香伯父措手不及,兵败后,被烧死在了自己的御馆内。

平国香的嫡长子叫平贞盛，当时正在京都当官，听到关东出事后连忙请了假赶回老家，先是从已是一片焦土废墟的家中挖出了父亲平国香的尸体，接着又把躲在深山老林里避难的妻儿老母给接了回来。

做完这一切，平贞盛派人找到了平将门，说是要聊一聊。

平将门只当是又来一个下战书的，连忙点起兵马，表示你要战，我便战。

平贞盛一看这架势，便亲自来到佐仓，找到平将门，恭恭敬敬地喊了一声堂兄，然后表示，你杀我爹这事儿，我并不想追究，你我之间的恩怨，就让它随风而去吧。

这画面太过出人意料，以至于连刀斧手都已经埋伏好了的平将门当场就愣住了，半晌才回过神来，点了点头，说那好吧大兄弟，就照你说的办。

怎么说都是杀父之仇，就算没到不共戴天的份上，可这么亲自上门求和，也确实有点不可思议，更何况就当时的实力而言，平贞盛跟平将门也差不了太多，莫非这爹不是亲生的？

当然不是。

爹，肯定是亲的，儿子，也绝非圣母，之所以愿意认怂，完全是为了自己的前途着想。

平贞盛在京都当官，前面说了，官位是左马允，就是给皇家养马的，官居从七位左右，比起当年平将门的泷口武士来还要小了些许。

这样的一个人，面对这样的一桩事，如果由着性子硬上的话，那么之后事态的发展必然首先是没了官位——你不要觉得七品芝麻官没了就没了，平国香和平良将不一样，没有当过镇守府将军这种大官，纯粹土地主一个，能让儿子混个京官已是着实不易，真要把上下打点了不知多少次才换来的官位置之不顾豁出去干，无论是平贞盛还是已经死去的平国香，都不肯的。

更何况真要豁出去了，那么势必得翻老账了——你平国香那块石田的领地是谁的？是你弟弟平良将的吧？怎么会到你手上去的？

还有就是，他平将门可是在藤原忠平家混过的。

权衡利弊后，平贞盛果断认怂。

但有一个人不肯罢休，那就是源护。

第九章　平将门

一夜之间，老爷子死了三个儿子和一个女婿（平国香），等于是几乎死绝了家里的男丁，只剩了这么一个孤寡老人。

5月，源护的另一个女婿，也是平将门的族叔平良正，自愿为老丈人出头，主动率本部兵马五百人，沿着鬼怒川杀向平将门的大本营佐仓。

老头听闻女婿出兵，欣喜若狂。

然而还是高兴得太早。平良正和平将门在鬼怒川大战了一场，被打得全军覆没，只身逃出包围圈，连夜跑路投靠了哥哥平良兼。

应该讲，事情发展到了这一步，是任谁都没有想到的——原本只是几个年轻人看上了另一个年轻人的小老婆，结果后者不仅把前者给赶尽杀绝，还莫名其妙地把自己的列位叔叔们也给卷进了战火之中。

平良兼的直觉告诉自己，这个侄子非常危险，如果不及时弄死，很有可能一族都要挂在他的手里。

就在平良正投靠过来的当晚，平良兼答应自己的弟弟，一定出手相帮，同时让人约来了平贞盛，请他加入自己围剿平将门的同盟。

平贞盛一开始不肯，觉得自己连杀父之仇都忍下来了，平将门应该不至于再对自己下手。

平良兼很不厚道地笑了："你觉得，这世间的每一个人，都能忍下杀父之仇？"

平贞盛摇了摇头，说当然不是。

"所以你如此反常的举动，平将门定然生疑，他会觉得你不过是在行缓兵之计，有朝一日，必会报此大仇，所以，他也必然会处心积虑地要置你于死地。"

平贞盛认可了这个说法，决定和两位叔叔合兵一处，先下手为强。

· 会哭的孩子有糖吃，前提是这孩子得是亲生的

承平六年（936年）6月，平良兼、平良正、平贞盛三人点起三路大军，浩浩荡荡地杀向了平将门的佐仓大本营。

平将门闻报，带了一千余人便出发迎战去了。

他把一千人分成两部分，自己亲率一百人为诱饵，诱敌深入，再让后面九百人从侧面突袭。

这个战术在平安时代的日本还算罕见，因为对部队的机动性要求很高，也只有以骑兵见长的平将门能玩这一套。

只是万万没想到，意外发生了。

平良兼等人三路大军浩浩荡荡数千人，被平将门那一百骑的诱饵给打败了。

是的，你没看错。原本平将门是打算把戏演得逼真一些，所以让那一百人尽可能地朝着敌军猛冲，准备厮杀一阵后再撤退，结果就是这一阵猛冲，把三家的人马给打得掉头就跑。

当时平将门整个人都是蒙的，只能将计就计，让后队赶紧跟上，然后再率众一路掩杀了过去。

三路大军兵败如山倒，一路溃散到了下野国（栃木县）。

同时崩溃的还有那三位领兵大将脆弱的心灵，当时他们已经吓得连自己的领地都不敢回了，直接跑进了下野国的国府，准备在那里避避风头。

国府，也叫国衙，由朝廷设立的地方政府机关，用于管辖分国。

平将门自然不会傻到公然和政府对抗，他下令一千军队把国府三面围住，特意在西面开了个口子，算是给政府一个面子，放平良兼三人一条活路。

这场战事发生后的一个月，平将门收到了来自检非违使厅的公函——当然不是为了实现他十几年前想要成为检非违使的梦想，而是要求他立刻进京，对自己这一年来东征西战的行为作出一个合理的解释。

源护去告状了。

这老头明白，就自己那几个人，是断然打不过平将门的，于是选择了走法律路线，特意从关东赶去京都鸣冤上访，向朝廷讨个说法。

其实自打《垦田永年私财法》出台之后，数百年来各路土豪之间的斗争早已成了家常便饭，朝廷屡下禁令可是屡禁不绝，因此时间一长，也就睁只眼闭只眼了。

只不过这一回平将门闹得实在离谱，整个关东几乎被他打了一圈，再加上被杀了全家的常陆国一把手源护告了御状，所以这才不得不书面行文，要他过来接受问话。

12月，平将门抵达京城，还没进检非违使厅，就被叫去了藤原家。

藤原忠平要见他。

两人已经十来年没见了，但对于平将门所做的种种，藤原忠平都了如指掌。

面对老上司，平将门还没来得及寒暄，对方就发了难："你带兵围住国衙，意欲何为？"

平将门非常冷静："是他们先来攻打我的领地。"

"源家那三个儿子，也是先来攻打你的领地？"

"他们先下的战书，要抢我的妻子。"

"那么平国香呢？"

"家父遗领，为他所窃取。"

"所以你就把他烧死在家中？"

"……"

平将门说不出话来了。

藤原忠平微微一笑："你当年站在禁宫，昂着头说要驰骋疆场，就是这么个驰骋法？"

"不是……"平将门低下了头。

"还敢带兵围国衙，你知道自己的下场会是什么吗？"

"无非一死罢了。"平将门猛地又抬起了头。

"那倒不至于，没收领地罢了。"藤原忠平笑容可掬，"你不怕死，我自然也不会以死来治你的罪。"

"在下并未攻打国衙！"

"源护可是朝廷钦命的常州（常陆国）太守。"

"属下……知错了。"作为一介土豪，平将门比谁都明白失去了领地意味着什么，也知道源护在朝中的政治地位有多高，更何况面对的是藤原忠平，他根本没有反抗的余力，只能低头认错。

而藤原忠平仿佛什么也没听见一般，径直走上前，直视平将门："小次郎，凡事莫要太过分啊。"

数日后，检非违使厅公布了对平将门大闹关东的处理决定——私斗。

所谓私斗，指的就是私下里的争斗，虽是罪过，但罪名很轻，算是微罪。

常陆国一把手源护涉案其中，又被杀了三个儿子，结果凶手只被定罪为私斗，这个基本就是开了天恩了。

具体的处罚办法是让平将门先留在京城，同时传唤平良兼等人上京，审理问清后一并处理——毕竟是一个巴掌拍不响，私斗双方都是有罪的。

但是平良兼没来。

给的回复是今年太忙，等明年开春再来京城跟平将门当面对簿公堂。

结果到了第二年开春，也就是承平七年（937年）的4月，朱雀天皇元服，大赦天下，这其中自然也包括平将门，于是正在京都候审的他，便顺理成章地回了关东老家。

元服就是举行成人礼。

平良兼是个挺实诚的人，他没去京都真的不是藐视朝廷，而是的确在忙，忙着做准备去打平将门。

8月，平良兼出阵。

他也没叫另外几个兄弟，独自一人带着两千余兵马浩浩荡荡地朝着平将门的老家进发了。

走在队伍最前头的，是两张人物肖像画——高望王和平良将。

平良将是平将门的爹；高望王是平将门的祖宗。

你敢朝着你爹和你祖宗射箭冲锋吗？

平将门和他的部下们真没想到平良兼会用这种损招，顿时士气大跌，打都没怎么打就后撤了数十里，吃了开打一年多以来的第一次败仗。

9月，平将门组织反击，大伙抱定了宁可打祖宗也不能下去见祖宗的想法，无视了那两张破画，追着平良兼跑了几十里地。

同时这回平将门也学聪明了，打跑了平良兼后也不急着乘胜追击，而是写了一封信给藤原忠平，告了叔叔一状，说他无故侵略自己。

本来嘛，藤原忠平就是站在平将门这一边的，同时他本来又对平良兼上次不去京城非常不满，这两个"本来"加在一块儿，事情就严重了。

12月，在已是太政大臣的藤原忠平的干涉下，朝廷针对平良兼发了个通缉令，要求关东地方政府速速将其逮捕，押解京师。

平良兼见状，知道大势已去，只得带着亲信躲进了筑波山（茨城县内），一直到死，都没再敢跟侄子叫过板。

承平八年（938年）2月，平将门开始收拾平贞盛，后者被打得家破人亡，被迫逃到陆奥（宫城县），在流浪中度过了自己的余生。

源护老爷子也在失意中退出了历史的舞台，从此之后史书上再也没有他的记载，大概是死了吧。

平将门，终于成了关东一霸。

·王侯将相宁有种乎

天庆二年（939年）4月，平将门收到了一封信。

这是一封求助信，希望他能够帮助介入，调停一下最近在关东闹得非常厉害的一场纠纷。

纠纷双方总共有三个当事人：兴世王、源经基以及武藏武芝。

前两者分别是武藏国（埼玉县和东京都）的权守和介，即一把手和二把手；后者则是武藏国足利郡的郡司。

事情的起因并不复杂，兴世王和源经基都是新官上任，从还在路上的时候就商量琢磨着要去放个三把火爽爽。待到到任后，屁股都还没坐热，两人便跑到了足利郡，说是代表上级部门前来视察你们的税收工作。

说白了就是想捞油水。

武藏武芝当然不肯。

他以历来正官到任之前，权官都无权进入诸郡为由，拒绝了对方。

这里有必要普及一下什么叫正官什么叫权官了。

以武藏国为例，这个地方真正的一把手，其实是叫武藏守护，简称武藏守，唐名武州太守。

而兴世王所担任的，叫武藏权守，所谓权，指的是编制外的，可以理解为代理，当正式守护并不在任或尚且空缺的时候，武藏权守确实就是武藏国最大的官，但一旦有了正式的守护，那么这就只是一个名义上的官位。

当时武藏守护正好空缺，兴世王也就理所当然地把自己当成了一把手，而武藏武芝却并不买账。

于是双方顿时就剑拔弩张了起来，不过考虑到大家都是正儿八经的朝廷命官，因此谁也不敢真动手，毕竟一旦闹大，性质可就绝不是小地主之间的私斗了。

兴世王并不是姓兴世单名一个王，他是皇族，但这个皇族的含金量跟中山靖王之后刘备差不太多，就当时而言，几乎没人会把他当回事儿，能够弄到个武藏权守已是不易，他并不打算为了点油水拿前途来开玩笑。

源经基是清和天皇的孙子，也是皇族。

这人更加了不得——我指的不是祖宗，而是子孙——源经基是清和源氏之祖，清和源氏在日本历史上的地位堪称空前绝后，无数历史弄潮儿都出自这一族。

最有名的，叫德川家康。

再说当时，无论是兴世王还是源经基，其实都不打算死磕，但真的就要这么算了，面子上似乎也挂不住，于是他们想到了找人调停，找一个强悍一点儿的，牛一点儿的，给自己背个书，让武藏武芝服个软。

巧了，武藏武芝也这么想——他想的是找个人给自己站队，让那俩赶紧滚蛋。

更巧的是，双方都找到了平将门。

尽管平将门那会儿的主要活动范围是茨城县和千叶县，本不怎么常去埼玉和东京，但关键是哥们儿前几年打出了名堂，再加上朝中有藤原忠平撑腰，所以就成了整个关东的扛把子。

平将门想都没想，就站在了武藏武芝这一边。

他亲自带着私兵走了一趟武藏国，要求两位初来乍到的上官别太过分，该干吗干吗去，要油水也不用这么急赤白脸的，吃相太难看了。

为什么会帮武藏武芝？

其实很简单，武藏武芝本姓宿弥，这是一个非常古老的姓氏，往上可以一直追溯到物部家。宿弥氏来武藏国镇守足利郡也已有四五百年的历史，而平将门他们家则是从爷爷辈起便在关东扎根了，说到底，这两位都是原住民。

而兴世王和源经基都是外来户。

平将门当然不会帮他们了。

对于平将门的调停，兴世王表示没有意见。

不仅仅是因为平将门手下的骑兵彪悍，也因为自己说白了就是个没落皇族，在这样的时代里，别说特权了，连像样的人权都不太有，于是只能抱着蜗牛角上争何事，石火光中寄此生的想法，表示久闻平大人名号，自己愿意给您一个面子。

但源经基不肯服。

作为清和天皇的孙子，贞纯亲王的儿子，前右大臣源有能的外孙，源经基可一点儿都不落魄，年轻的时候在京城也是算得上号的主儿，怎么可能被一个地方小地主说两句就打道回府。

源经基很明确地表示，这是武藏国的地方政务，说到底不过是政治程序上的事情，捅破天了也是我们当官的之间的纠葛，你一个下总国的小流氓来掺和个什么劲儿哪？

面对挑衅，平将门显得非常克制，淡淡一笑，说自己压根就没打算掺和，说几句公道话而已，既然源大人嫌我是臭狗屎，那我也就不再丢人现眼了，明天就回我的下总国接着当流氓去，不过在此之前，可否请源大人您多少给个面子，让我尽关东地主之谊，请上一顿便饭？

中国人都知道这个叫鸿门宴，是去不得的。源经基当然也知道，但他不怕，去就去，真打起来指不定谁头朝下呢。

不怕死又要作死的结果，就是当天晚上平将门和武藏武芝果然派私兵围了宴会现场，把源经基的护卫杀了个干干净净，本来连源经基也不打算放过的，好在哥们儿跑得快，一看情形不对跳上马就逃，也是亏了部下做人盾，这才趁着空儿逃出了包围圈。

源经基没敢再在关东停留，马不停蹄地直奔京城，然后找去了藤原忠平家，说平将门伙同了武藏武芝要造反，已经把新任武藏权守兴世王给扣做人质了。

对此，藤原忠平并不相信。

他觉得平将门虽说是嚣张跋扈百无禁忌的主儿，却还不至于要造反，更别提扣押武藏国一把手兴世王了。不过看源经基一副言之凿凿还赌咒发誓的模样，便还是派了个考察组前往关东，问问事情究竟如何。

考察组一去就是一个月，当年5月，一行人回到了京都，同时还带回了一个不好的消息——对源经基大大不好的消息。

武藏、常陆、下总、上总、上野（群马县）五国一把手各自写了一份情况报告，向藤原忠平汇报了这场纷争的经过。

在报告中，五国太守相当一条心地写道，此次纷争是由源经基一手挑起，意图强占国税为己用，还教唆皇族兴世王一同堕落，幸而有平将门主持公道，这才避免了悲剧的发生，虽说在阻挡过程中确实有以私兵攻击朝廷命官之嫌，但绝无谋反的意思，请朝廷明鉴。

同时附上的还有平将门自己的情况说明：我虽然打了源经基，但我没有造反的意思。

更悲催的是，兴世王也写了一封信：是的，我是被源经基教唆的，我错了。

这下源经基是跳到琵琶湖里也洗不清了。

挟持上司、私收国税、诬告，数罪并罚，就在当天，哥们儿便下了大狱。

关东五国太守当然会帮平将门，平将门自己更不用说，肯定会为自己辩白，这些道理源经基都懂，唯独不明白的是，兴世王怎么也会站到他那边儿去。

这主要是因为兴世王比较务实。他明白自己这辈子基本是要在关东混了，那么跟平将门搞好关系就显得非常必要了。为了能搭上这条线，卖个把下属也是值得的。

而另一方面，虽说这一回平将门又被判了个安全过关，但这种无官无职自霸一方的山大王也确实引起了朝廷的注意，按照藤原忠平的意思，应该招安，给个官儿当当，让他把力量用在正道上。

第九章　平将门

还有就是兴世王，这小子说到底其实也是有罪的——要不是他跟着，源经基一个武藏介怎敢跑去足利郡收国税，所以也要敲打敲打。

6月，朝廷委派了正式的武藏守，叫百济王贞连。

百济王是个姓，这一看就知道祖宗是当年朝鲜半岛来的渡来人。

百济王贞连跟兴世王是亲戚，具体来讲是连襟，但两个人的关系却是素来不和。

所以上任之后，百济王就一直在整兴世王。比如每次开会时，前者永远都不会通知后者，同时又会以无故缺席会议为名问责对方。

这让兴世王很苦恼。

思前想后，他选择了跑路——在某个风高夜黑的晚上，兴世王离开了武藏国，跑到常陆，投在了平将门的门下。

一个地方官无故弃官投奔一介白丁，这放在平安时代算是相当了不得的大事件。百济王贞连虽说是不待见兴世王，但考虑到兴世王跑路自己也脱不了干系，自知理亏只能和平将门沟通，说我和权守大人之间有些误会，您是不是帮我说和说和，再把他给送回武藏？

平将门拒绝了。

一来是他发现这个落魄皇族跟自己挺有共同语言，很能聊得来，就不想放他回去；二来是落魄皇族发现平将门这人忒合自己胃口，也不想回去当受气包。

百济王贞连不敢对平将门来硬的，只能一次次地传书上门，但每次都是石沉大海，毫无回音。

主要是平将门忙。

忙着维护正义。

当时常陆国境内有个土豪，叫藤原玄明，这人是个刺儿头，主要体现在不肯缴税。

时任常陆国一把手的常陆介叫藤原维几，催逼了几次都没有下文，更过分的是藤原玄明不光自己不缴税，到后来还发展到公然掠夺路过自己领地的官税运输队。

忍无可忍之下，藤原维几对其发布了通缉令。

而藤原玄明一看大事不妙，立刻躲进了平将门的家里，而平将门则没有任何犹豫，收留了这个罪犯。

这就有点孟尝君的味道了。

藤原维几是在源护老爷子的时代便开始混常陆的，跟平良兼平国香亦曾称兄道弟，他可不怵平将门，大大咧咧地发了一纸公文，说我知道你窝藏了通缉犯，识相的就赶紧交人。

平将门表示无视。

藤原维几也不含糊，点起了常陆国官兵三千人，浩浩荡荡地杀向了平将门家。

早已过烦了太平日子的平将门一看有人要打仗，当时就欢喜了，带着一千骑兵迎面而上。

我们直接说结果——藤原维几大败，这一回平将门玩了个狠的，率兵直接杀进了常陆国的国衙，还把象征着国家权力的分国大印给抢了。

其实这并非是他的意思，纯粹是手下打得太嗨，一时半会儿没收住。

当平将门看到那颗闪闪发光的常陆国大印时，整个人都惊呆了。

他知道这回闹大了，估计是收不了场了。

怎么办？

再把大印给还回去？就说自己乡下孩子没见过，拿来玩了两天现在完璧归赵？

显然不可能。

不还，就这么一直藏着？

貌似也不行。

就在左右为难之际，一个人在边上说道："您打了一国的国衙是死罪，打了八个国衙也是死罪，既是如此，干脆就打他十来个吧。"

说这话的，是兴世王。

顿时，平将门眼前一亮。

第九章 平将门

·浓眉大眼的也当了叛徒

天庆二年（939年）12月，一条谋反的消息震惊了整个平安朝廷。

"藤原纯友，在伊予国（爱媛县）纠结了数千海贼，造反了！"

嗯，没错，平安时代信息不通畅，平将门虽说是在关东搞了个大新闻，但当时没有跑得比风还要快的记者，因此情报尚且未到，朝廷仍是蒙在鼓里。

至于那个叫藤原纯友的，则着实让藤原忠平蒙了一阵子。

主要是他不明白这人到底是谁，哪儿跟哪儿的就能拉起几千人的队伍来。

想了半天，他突然猛地一拍脑袋——×，这藤原纯友，不是我当年派去伊予剿灭海盗的吗？！怎么几年不见，就成海贼王了呢！

藤原纯友，出身藤原北家，从辈分上来讲，他跟藤原忠平应该算是堂兄弟。

他爹死得早，由叔叔伊予守藤原元名抚养长大。

伊予位于濑户海滨，作为当地镇守官员，一个重要的使命就是剿灭那些靠海吃海的海贼。于是藤原纯友自幼便见惯了官兵打海盗的场面，从15岁起，他也亲自上阵，成了伊予水师中的一员。

因为战功赫赫，外加是藤原北家的孩子，25岁的时候，藤原纯友被朝廷封为伊予掾。

掾，官名，比介低一个等级，也叫伊予丞。通常在一个分国里会有好几个掾，各自管不同的方面，藤原纯友当的那个，主管军略治安，也就是打海盗。

平心而论，这人是个水战小天才，自出道以来在海上跟人狭路相逢就没怎么输过。同时，他还是一个爱思考的好孩子，在和海盗作战了十来年后，藤原纯友开始思考起了这样的一个问题——老子这么牛，可为啥这海盗就是剿不完呢？

还有一个问题就是，这活得好好的，干吗要去当海贼？

叔叔藤原元名告诉他，这世道刁民多，放着好好的日子不过偏偏要去杀人放火对抗官府，你能有什么办法？这些人可多了去了，根本杀不完。

藤原纯友不认为这是一个好答案，但也想不出更靠谱的观点，只能抱着疑问，继续他的打海盗生涯。

一打，又是三四年。

承平二年（932年），伊予水军在一次行动中成功抓获了一名拥有上百艘船的海贼头目。

按规矩，这种人是要直接就地斩首的，但这一回藤原纯友突然来了兴致，吩咐手下先不急着杀，先审审吧。

审问的主题就一个：你为啥要当海贼？

海贼头子一听，乐了：不当海贼我吃啥？

藤原纯友一愣：不当海贼你不会种地啊？不会打鱼啊？

对方又乐了：我上哪儿种地去？上你家啊？

这下藤原纯友不高兴了，觉得这人简直无理取闹不可理喻，狠狠地一拍大腿："你自己的地呢？"

那个时候虽然日本已经认可了土地私有，但也并没有完全放弃土地分配制度，理论上来讲，每一个人，仍是能从国家那里拿到一块土地。

海贼头子淡淡一笑："早没了，被抢了。"

"谁抢了你的地？"

"之前的伊予守，藤原元名。"

此时藤原元名已经离任回京，不过在伊予仍是留下了大量的地产。这些土地当然基本都不是买来的，而是巧取豪夺兼并得来的家产，事实上放眼当时日本全国，大小地主土豪们的发家史，和藤原元名并无太大的差别。

藤原纯友并没有怀疑对方的话，他自幼不仅见惯了打海盗，也见惯了叔叔的家产是如何发展起来的。只是觉得，光是没了土地，还不至于成为去当海贼的理由。

于是又问了一句："你为何不去打鱼？"

问这话时，早已没了之前的底气。

倒是答话的那人，显得中气十足："濑户海里，能不能打鱼，打了鱼得交多少税，都是伊予国衙说了算，哪怕是大暴雨大风雪，哪怕是船沉人亡，说要交税就得交税，我们连商量的余地都没有。大人，您要是我，光靠打鱼能活几日？"

这一天，藤原纯友终于找到了多年前那个问题的答案——因为没活路，所以要去当海贼。

因为没活路的人太多，所以怎么都杀不完。

他觉得自己作为伊予的地方官，似乎应该为伊予的民众做些什么。

比如，和老百姓一起当海贼。

·两头造反

截至今天，也没有一份确凿的资料能够确凿地说明，藤原纯友是何时以及如何从公务员的岗位上跳槽去当海盗的。

唯一明确可知的，是在承平六年（936年），这家伙成为了一名拥有上千艘船的海贼头目，旗下小弟好几千，以日振岛（爱媛县宇和岛市）为据点，独霸濑户内海。

时任伊予守叫纪淑人，没什么特别大的能耐，知道打不过这位前任水军大将，只能改剿为抚，承诺只要大家肯投降，官府就一定给大家土地，分配打鱼专区，以及免三年赋税。

但被拒绝了。

原因有二：第一，这种鬼话通常成年人都不会信；第二，同样是混一口饭，当海贼比种地打鱼要轻松多了。

于是藤原纯友的海贼团便数年如一日地游荡在濑户内海，神来抢神，佛来劫佛。

随着实力的增强，他甚至还把活动范围扩张到了近畿和九州。

天庆二年（939年），藤原纯友的手下藤原文元，在摄津国（大阪府）袭击了几艘官船，抢了一些东西，顺便绑了几张肉票。

其中有两个人名垂史册，一个叫藤原子高，一个叫岛田惟干。

前者是备前介（冈山县），后者是播磨介（兵库县）。

朝野震撼。

也差不多在这个时候，平将门在关东搞事的消息也传到了京城，只不过内容上有些变化。

此时的他，用了差不多一年的时间，几乎把关东八国打了个遍，差不多算是占领了整个关东地区，然后，自封为"新皇"。

不仅如此，平将门还为关东八国各自封了地方官，比如兴世王，就成了上总国的一把手。

此事一经传开，又是朝野震撼。

而藤原忠平一开始还有点不信，追问了一句，说是小次郎造反了？真是他造反了？

手下点头：可不就是他嘛。

忠平苦笑着摇了摇头：这兔崽子。

接着又想起了什么似的伸手一指："源经基，快把源经基给放了吧。"

当场，源经基就光荣出狱了，作为补偿，朝廷马上封了他一个从五位下的官儿。

源经基就是那位随口一说平将门要造反而被抓走坐牢的前武藏国二把手，结果一语成谶，真给他说中了。

相比藤原忠平的冷静，整个朝廷大小官员的反应则是惶恐。

日本，不说神武天皇，就从公元57年汉光武帝刘秀封王倭奴算起，立国至当下，造反的有作乱的也有，但另立中央自封……

结果这一回一来，就是没给过自己任何名分，但由于他起事的时机忒凑巧，觉得这人跟平将门肯定私下有来往，还疯传说平将门跟藤原纯友自幼就是发小，撒尿和泥的时候就有过约定，说将来必定要双双称王，一个主东，一个宰西。

其实这两位真的互不认识，到死也没有过任何形式上的沟通交流。

再说藤原纯友那边也是越闹越大，之后，他又攻打了淡路国（兵库县淡路岛）的国府，并劫掠了兵器库；然后本想还攻打摄津国衙的，但陆上兵力不强，于是只能打了一圈草谷后安然撤退。

144

第九章　平将门

面对愈演愈烈的局势，朝野……对，你肯定也猜到了，还是震撼。

是不是觉得当时的朝野除了震撼之外也不会干别的了？

其实也不是，就在消息传到之后的第二天，朱雀天皇亲下圣旨一道——命令全京城的神社寺庙从即日起，都必须把手头的其他事情放一放，将工作重点移到祈祷平将门和藤原纯友两派反贼早日失败这件事情上来。

同时还单独祈祷藤原纯友，希望他千万别沿着摄津的入海口逆流而上，打进京师。

而藤原忠平则淡定依旧，他先是安排人手布防京都各出入口，以防万一。之后，召开了平安朝廷最高领导集团会议，讨论对策。

关于这事儿，大方向非常统一：坚决镇压。

问题是先镇压谁。

刚从牢里放出来的源经基，虽只是个五品官，但考虑到他既有先见之明必有过人之处，因此也让列席会议，他主张一定要先搞定平将门，这人是朝廷大患。

而藤原忠平的三哥，时任左大臣藤原仲平则认为，应该先解决藤原纯友。主要是因为这家伙卡在濑户内海，很多国际性的外交事务都不能办了，比如之前就定下的给吴越（五代十国之吴越政权）送国书一事，因为濑户内海遍布海贼，使得朝廷使者根本无法出海，只能暂且搁浅计划。

藤原忠平仔细地想了想，最终决定先发兵关东。

理由是当年（939年）12月15日被送到藤原忠平手上的一封信。

写信的是平将门。

大致内容如下：

"本新皇是桓武天皇的五世子孙，自古以来，善武勇者便能得天下。本新皇的这份武勇，相信殿下也应该知道，是绝不输给那些上古先贤的。

可结果如何呢？莫说天下了，连应该得到的与自己身份相符合的恩赏都没有，也莫说恩赏，甚至还数度引发朝廷的不满，这是何等的悲惨？何等的丢人？

但是，本新皇对此已然不计较了，在此，只想对远在京城的天皇致以问候。

以及，多年前，有劳藤原公的关照了，这份恩情，永生难忘。"

应该讲，这是一封辩白信——平将门以非常清晰的条理和逻辑表明了自己自称新皇绝非是想要杀入京城颠覆那万世一系的皇权，只是纯粹地打算永远占着自己的关东王国，和朱雀天皇平分天下罢了。

比起这种远大的政治抱负，藤原纯友真的只能算是一介流寇。

因此藤原忠平当机立断：先灭平将门。

接着，大家又开了个会，讨论该派谁去干这活儿。

最终，中央决定，让藤原忠文担任征东大将军，全权负责剿灭平将门。

藤原忠文，藤原式家出身，自幼弓马娴熟，历任左马头、左卫门佐、右少将等武职，自延长四年（926年）起开始担任近畿各地一把手，拥有相当丰富的军政经验。

话说当年他在近卫府当差的时候，养成了睡在马厩与马同眠的习惯，几十年来每逢失眠，只要跑去马房，听听马儿吃草的声音，就能立刻安然入睡。

总之，是一员难得的将才。

唯一美中不足的是，那一年，藤原忠文已经68岁了。

平安时代的日本人平均寿命也就40来岁，68岁那基本算是黄土埋到锁骨了。

当然，有人可能会说当年吉备真备出征藤原仲麻吕那会儿，也已是古稀之年了，藤原忠文才68岁，怎么就不行了？

这个主要还得看人，吉备真备是日本兵法之祖，大风大浪过来的主儿，坐轮椅上都能吊打藤原仲麻吕，绝非是藤原忠文这种说到底水平不过是熟读兵书级别的角色所能比的，更何况这次的对手还是平将门。

之所以让这位老爷子去，是因为当时朝廷真的已然无人可用。

说白了，那年头根本没人打得过平将门，藤原忠文也打不过，只不过从理论上来讲，他或许还有那么一丢丢的胜算。

1月19日，藤原忠文率兵东征。

1月20日，平将门在上野国进行了一场大扫荡。

主要是要抓平贞盛。

第九章　平将门

这人也是挺惨，当年跟平良兼联手对抗平将门失败后，就彻底地被人家给惦记上了。平将门觉得这厮说好握手言和结果出尔反尔简直该杀。在称霸关东自立为皇后，便特地腾出一只手来，想要把藏匿在上野的平贞盛给找出来千刀万剐。

平贞盛只好逃跑去了下野国（枥木县），然后报警了。

·武士们

平安时代，日本各分国负责治安防范的最高长官，称押领使。

下野国的押领使叫藤原秀乡。

这也是一个后代遍地子孙满堂的传奇人物。

远到战国时代刚勇镇西一的立花宗茂，近至德川幕末新选组总长山南敬助，都是藤原秀乡的后裔。

再说当时下野国还没有被平将门给全部拿下来，不过哥们儿算是志在必得，事先就已经把自己的弟弟平将赖给封了下野守。所以在得知平贞盛身在下野的消息后，平将门立刻派出伪常陆介藤原玄茂为先锋，出阵迎战。

藤原秀乡闻讯后，在下野国发起总动员，调集了四千余人前去迎战。

2月1日，双方在利根川遭遇，藤原玄茂被击败。

藤原秀乡一路掩杀至下总国的石井（千叶县内），也就是新皇平将门的所在地。

当时平将门手上只有四百余人。

主要是因为他的部下绝大多数都是慕名追随而来的关东各路土豪，在顺利称皇之后，平将门觉得自己的基业差不多已经稳定了，又一琢磨这春耕期快来了，于是让大伙赶紧带着自己的郎党们回家播种去。

谁也没想到藤原秀乡竟然在下野爆兵爆出了四千多，还打上了门来。

不过平将门也不怕，以一当十的勾当又不是没干过。

2月14日下午2点时分，双方展开了决战。

3点，藤原秀乡方大将藤原为宪的阵地，被夺取。

3点半，平贞盛的防线，被突破了。

4点，平将门带着一百来人，杀到了大将藤原秀乡的本阵前。

藤原秀乡有点慌，命令手下速速放箭，以阻挡平将门的攻势。

可这招如果有用的话，平贞盛和藤原为宪也就不会挨揍了。

眼看着平将门即将为自己的人生再添一笔胜绩，突然迎着面吹来了一阵狂风——紧接着，一支不知从谁的弓上射出的顺风箭，正中平将门的眉心。

享年40岁。

自称新皇以来，还不到两个月。

这就叫作生死由天。

消息传到征东大将军藤原忠文那儿的时候，老爷子尚在路上都还没进关东。一听说后没有二话立刻下令全军掉头，回京城。

顷刻间，欢声雷动。

因为对手是平将门，出发前大多数人都觉得自己很难再活着回来了，现如今等于是白捡一条命，怎能不高兴。

回到京都，人民群众也是夹道欢迎：自己的儿子、兄弟、父亲、丈夫，总算全须全尾地回来了。

这真是应了中国南朝大将曹宗景写的一首诗：去时儿女悲，归来笳鼓竞；借问过路人，何如霍去病？

当然藤原忠文还没有不识相到去问过路人自己像不像霍去病或是吉备真备，毕竟这场仗他根本就没打，莫名其妙的平将门就被逆风一支箭给射了脑袋，霍去病哪有这运气？

再说那藤原忠平，面对这天大的喜讯，仍是异常冷静，在听过藤原忠文的汇报之后，他做了三点指示：第一，将平将门枭首，首级立刻带来京城示众；第二，令藤原秀乡全力追剿平将门势力的余孽；第三，藤原忠文也别闲着，立刻挂帅征西大将军，准备西征，解决藤原纯友。

那个时候藤原纯友刚刚劫掠了大宰府。平将门造反让他感到异常兴奋，虽然两个人不认识，但这并不意味着他不能响应配合平将门的脚步趁机拓展自己的势力。

所以那两个月里藤原纯友特别忙，从本州到四国再到九州，抢了个遍。

在得知平将门的死讯后，藤原海贼团内部炸开了锅。

第九章 平将门

话说上一年关东刚乱那会儿，藤原忠平为了避免两线作战，特地对藤原纯友采取了怀柔安抚政策，封了他一个从五位的官，其副手藤原文元，被封了个从七位，另一位重要骨干藤原恒利，则给予承诺，说只要好好听话，将来封妻荫子也是必然不会少的。

藤原纯友很明白，这只是朝廷的权宜之计，因此他一边笑纳了官位，一边也根本就没闲着，仍是继续做他的海盗，丝毫没有收敛，对此藤原忠平也只能是布重兵保卫近畿安全，其余的暂且管不了。

结果平将门死了，海盗们傻了眼。

藤原恒利当时就不开心了，说大家都是出来混的，我们抢了人家的东西，人家反而还要给我们官当，那会儿我就讲我们要给朝廷面子，结果你们都不听，现在好了吧，怎么办？

藤原文元一听这话也炸了，拍着地板跳起来喊，谁不听你的话了？是我吗？是我吗？！你今天把话往明白了说，是谁没听你的话，没给朝廷面子？

藤原纯友则当场把刀都给拔了出来，明晃晃地抄着看着下面的人，半晌，才憋出一句话来：怪我咯？

分赃的时候，你们谁也没少要啊。

鉴于形势逼人，藤原纯友在略思考后作出了抉择：顽抗到底。

天庆三年（940年）8月，藤原海贼团出动船只四百艘，袭击了伊予沿岸；次月，又攻打了备后（广岛县）的水师基地，烧毁战船一百余艘；11月，周防国（山口县）铸钱场被海贼所劫，损失惨重。

对此，藤原忠文无动于衷。

老爷子先上奏朝廷，说老夫年事已高，这么东西横跨日本地来回跑怕是体力不够，能不能吾皇开恩，来几个年轻人上第一线，老夫就坐镇后方运筹帷幄。

当月，朝廷派出小野好古为追捕使长官，并依照藤原忠文的要求，任命源经基为副将。

小野好古是小野妹子的后人，平安时代日本著名书法家。

是的，他们派了个写毛笔字的来抓海盗。

虽说三国时代著名书法家钟繇曾有潼关拒马超的光辉战绩，但这位小野好古，真的是一个很纯粹的书法家。

没辙，是真的没人了。

好在有源经基。哥们儿被平将门弄得蹲了好几个月的大牢，正在为不能亲自报仇而郁闷，现在一听能打藤原纯友，顿感聊胜于无，摩拳擦掌地就出了征。

天庆四年（941年）1月，藤原忠文给藤原恒利写了一封亲笔信，总结起来就一句话：如果愿意投降，不但既往不咎，还给你当官。

当月，藤原恒利就投降了朝廷，还把海贼团大本营日振岛的防御布局全部告诉了小野好古。

3月，日振岛被攻下。

藤原纯友带着上千艘船往西转进，顺道攻下了大宰府——没错，是顺道攻下的。

于是讨伐军只能跟在屁股后面打到了博多湾。5月，双方展开决战，凭借绝对优势的人数和对方在陆地战的绝对劣势，小野好古大获全胜，藤原纯友几乎全军覆没，一千多艘船里被夺八百余艘，剩下的则被付之一炬，他几乎是只身逃出，再度回到了伊予。

正琢磨着怎么东山再起，却被早已埋伏在那里的当地政府武装人员抓获。

抓住他的人，名叫橘远保。这人有个子孙，我们之后会说，叫楠木正成。

藤原纯友最终被投入大牢，当年6月20日，不等宣判，便死在了里面。

这场震撼了整个平安朝的承平天庆之乱，就此告终了。

但动乱的影响，却远未结束。

承平天庆之乱，看似不过是两个地方小土豪的小打小闹——事实上也确实是小土豪的小打小闹，藤原纯友不过七品小官，平将门更是一介白丁，可就是这两个小土豪，一个称霸了关东八州，另一个更在西日本横进横出，朝廷想去中国搞外交，船都不敢起航。

可天皇最后连像样的军队都派不出，只能让一个年逾古稀的老兵带着几个文化人前去讨伐。

这是日本立国九百年来从未有过的窘状——中央朝廷，已经快要拿地方武装束手无策了。

无论是平将门还是藤原纯友，他们在自己的地盘拥有大量的领地，学名称之为"庄园"，同时，也拥有大量的私兵，学名叫"侍"。

所谓侍，就是武士。

武士，已经处在了萌芽的时代。

第十章　藤原氏

·一个新时代的开启

天历三年八月十四日（949年9月14日），操劳了一生的厚道人藤原忠平因病去世，享年69岁。

忠平在临终前，已经兼任了太政大臣和关白这两个日本最高级别的官职，同时被封从一位。过世后，又追封正一位。

不要问为什么正一位要追封而不是生前就给，要知道在两千年的日本史上，活着被封正一位的人，拢共只有六个。

藤原忠平之后，由长子藤原实赖继承了家业，之后，又继任了太政大臣和关白。

关白这个职业我们之前说过的，这是一个令外官，也就是属于不在编制内的，且不常设。

结果现在别说什么编制外不编制外了，都开始搞世袭了。

不过藤原实赖虽说荣登关白之位，但当时朝政的实权却全都掌握在了他的二弟藤原师辅手上。

藤原师辅，虽然是次子，但因为长得好看外加有文化，自年少起就跟比自己大四岁的勤子内亲王有一腿。

勤子内亲王是醍醐天皇的五公主，朱雀天皇的妹妹，史称"淑姿如花"，外加也是一个会来事儿的姑娘，深得父皇和皇兄的宠溺。且说两人那不可描述的关系被发现后，公主一番闹腾，朱雀天皇非但没有追究藤原师辅的罪过，反而接受了藤原忠平的提亲，让两个年轻人正式结为夫妇。

而勤子内亲王也成了日本史上第一个下嫁给非皇族男子的公主。

因为这层关系，使得师辅从此飞黄腾达。虽说是考虑了长兄实赖的存在，所以师辅的官位总会比哥哥略低一级，但在很多比如重臣会议，集体拜见天皇等场合，往往是藤原师辅走在最前头，引领着文武百官。

此外，朝廷政务大事，也都是弟弟说了算。

因此藤原实赖有时候喝多了，往往会摔杯砸碗地自嘲，说老爷我这关白当得真没意思，徒有虚名，徒有虚名啊。

于是兄弟俩之间自然就这么结下了梁子，然后顺利地延续至了下一代。

·天皇不干了

天禄元年（970年），关白藤原实赖与世长辞，由次男藤原赖忠继承家业。

而后，赖忠也是意料之中地当上了关白。

至于藤原师辅那边，师辅本人是早在天德四年（960年）就撒手人寰了，他的次男藤原兼通，也做过关白，只不过死得早，因此家中的大梁，最终由三男藤原兼家给扛了起来。

时为贞元二年（977年），这一年，藤原赖忠刚刚当上关白，坐在龙椅上的，是圆融天皇。

他亲妈是村上天皇的皇后，藤原安子——藤原师辅的女儿。

他哥哥，冷泉天皇，那会儿还活着，称冷泉上皇，也是藤原安子所生。

他唯一的儿子，怀仁亲王，是藤原兼家的女儿藤原诠子所生。

虽然圆融天皇的正宫皇后是藤原赖忠的女儿藤原遵子，然而这并没有什么大用，因为遵子在她61岁的生涯里，一个孩子都没生下来过。

也就是说，虽然关白仍在藤原实赖这一系手上，但师辅家的优势依然存在。

再说一句你可能已经想到了的话——关白这个职位，截至这会儿，已经完全被藤原家给垄断了。

这种藤原一族的人几乎代代都担任关白一职，然后替天行道独揽大权，全然不把天子放在眼里的行为，学界俗称摄关政治，也叫摄关时代。

摄关，就是摄政兼关白。

话说永观二年（984年）旧历七月，圆融天皇在皇宫内举办了一场大型的七夕相扑大会。

七夕节看相扑，是日本皇家的惯例。

当天看完相扑后，圆融天皇望着星空，长叹一声："朕，已经做了十六年的天子了。"

天皇这么说，差不多就是不太想干了的意思。

藤原兼家闻讯之后，连夜坐着牛车疾驰来到皇宫——藤原家在宫中遍布耳目，基本上天皇每天说的任何有营养没营养的话，都能在第一时间传达到他们的耳中。

但没想到到了门口护卫却不让进，说天子有旨，右府大人您暂且不能进去。

藤原兼家忙问，那关白呢？关白进去了没？

门卫摇摇头，说关白并没有来。

兼家长吁一口，算是放下了心。正准备走，可寻思着不太对，便又多问了一句："陛下可有召见何人？"

"师贞亲王殿下。"

师贞亲王是冷泉天皇的儿子，从辈分上来算，应该管藤原兼家叫一声叔舅公。

说真的，这关系略远。藤原兼家当时就有些想跳脚，再次请求看皇宫大门的护卫，让自己进去一趟。

但还是被拒绝了。

天皇主动要退休，当然不算什么稀罕事儿，关键是谁来接班。

师贞亲王本身就是冷泉天皇让位给圆融天皇时钦定的东宫太子，再加上此时又被叫去独对，怎么看，这下一任天皇妥妥地都是他了。

对于藤原兼家而言，这显然是一个坏消息，因为前面也说了，师贞亲王和自己的关系略远，他母亲叫藤原怀子，是兼家哥哥藤原伊尹的女儿，虽然此时伊尹本人早已不在人世，但亲王和亲舅舅藤原义怀极为亲近，如果真的登了大位，那中央朝政的把控估计是没藤原兼家什么事儿了。

所以尽管诸事早已定下，但兼家仍是想再抢救一下。

可圆融天皇愣是连门都不开，无奈之下，他只能先回了家，静等消息。

两三天后，圣旨传来，召藤原兼家入宫。

君臣相见，天皇先开了口："朕，已经做了十六年的天子了。"

藤原兼家跪在地上，虽然很想回一句陛下你能不能讲点我前几天没听过的话？但他自是不敢这么开口，只好一声不吭。

于是天皇便又自顾自地继续说道："这个位子，朕想于今日传给东宫。"

这话听着虽然也不新鲜，但藤原兼家终究没能控制住自己脸上浮起的一股愠色。

"朕知道你胸中不平，但这也是没有办法的事。"圆融天皇看出了兼家的心思，"不过你放心，下一任的东宫，就让怀仁来做吧。"

史书记载，在听完这句话后，一脸苦相的藤原兼家，瞬间喜上眉梢。

· 天皇也需要一场说走就走的旅行

当年8月，师贞亲王即位，称花山天皇。同时，怀仁亲王被封太子。

而这次皇位变动的最大受益者，是藤原义怀。

这个人很理智地拉开了与藤原实赖以及藤原兼家的距离，一副自成一派的模样。有好几次那两位想去登门拜访套套近乎，却都被他不冷不热地给回绝了。

对此，藤原实赖选择了放弃——反正无论是上皇，天皇还是太子，跟自己都没啥太近的关系，还挣扎个屁。

但藤原兼家不肯，他又觉得，这事儿还能再抢救一下。

问题是怎么抢救。

这一琢磨就是整整两年。宽和二年（986年），发生了一件大事。

7月，一个叫藤原忯子的嫔妃死了。

这个姑娘当时正和花山天皇爱得死去活来，而且已经身怀六甲，她的离世，让天皇悲痛欲绝。

悲伤过度的结果就是脑洞大开，追悼会上，天皇当场决定出家。

不过鉴于这个脑洞如果现场说出来那必然是顷刻间乱了天下，所以一直等到会后，花山天皇才偷偷地召见了藤原兼家，告诉了他自己的想法。

藤原兼家还没听完整个人就蒙了，虽然理智告诉他这是一个千载难逢的好机会，但感情上还是无法接受这事儿，所以他颤抖着身子和声音问了一句："陛下……您……可要三思啊……"

"朕意已决，不必多言。"

沉默了数分钟后，兼家差不多已经缓了过来，他思索片刻后立马凑上跟前道："陛下，此事必须从速。"

连劝都没劝。

花山天皇却很满意，觉得眼前的这位右大臣太贴心了，这要换了舅舅藤原义怀，指不定怎么阻拦自己呢。

经过半个小时不到的秘密讨论，君臣二人定下了此次行动的一些基本方针——动作要快，要绝对保密，出家地点是元庆寺，以及，皇位传给怀仁亲王。

商议既定，便立即展开行动。

首先，天皇拿来了皇家代代相传的三神器，交给兼家，让他去给怀仁亲王。

接着，封锁宫中所有大门，严防消息走漏。

同时为了以防万一，藤原兼家还找来了一队武士作为护卫。领头的叫源满仲，以及他的儿子源赖光。

知道酒吞童子是谁杀的吗？

是源赖光。

知道茨木童子是谁砍的吗？

是源赖光的手下，渡边纲。

总之，这人特别厉害。

一切准备停当，就该出发了。

跑路前，天皇望着当空的皓月，突然反悔了："在这明月照耀之下，朕却要出家，想想真是羞耻啊。"

眼看这事儿要黄，冷不防地这空中就飘来了一片云彩，遮住了月亮。

天皇无话可说，下旨开路。

而后一行人还没走出皇宫大门，花山天皇突然又要喊停。

因为他想起来藤原忯子曾经写给自己的一封情书忘在宫里了，想回去拿。

藤原兼家见状，生怕这么来来回回地折腾暴露了行动把事儿给弄黄了，于是当场飙了演技——掩面而泣，呜咽道："陛下既是决定出家，又何必再对红尘之人有所牵挂呢？若是常伴青灯为藤原忯子祈福，想必他日终究还能再会的吧。"

花山天皇觉得这话挺有道理的，又下令前行。

就这么走走停停的，总算是出了宫门。

出门后，一群人又走了一段，路过一处宅邸门口，忽然，里面传出了一个中气十足的声音："陛下若是就此出家，那可将是惊天之变啊！"

所有人都为之一惊，毕竟这次是绝密任务，皇宫大内都无人所知，怎么跑大街上反而被人看穿了？这屋子里头住的是谁啊？

正在惊慌，那个声音又响了起来："诸人勿惊，式神早已有所通报而已！"

源赖光猛地想起，这房子的主人，是安倍晴明。

嗯，就是那个你知道的阴阳师安倍晴明。

大约拂晓时分，大伙总算抵达了元庆寺，花山天皇在藤原兼家的陪伴下顺利剃度，等到藤原义怀着急忙慌地赶到时，这世界上已经少了一位混饭的天皇，多了一个混饭的和尚。

怀仁亲王则荣登皇位，称一条天皇。

·拼爹的VS拼妈的

一条天皇继位的时候只有6岁，于是外公藤原兼家很顺理成章地担任起了摄政的工作。

永祚二年（990年），天皇元服，任命兼家为关白。

此时的兼家已经身患重病，因此只当了三天，就把关白传给了自己的儿子藤原道隆。

藤原道隆当了5年的关白后，因糖尿病医治无效而与世长辞，走之前，把这个位子又传给了自己的弟弟藤原道兼。

藤原道兼运气不好，只当了七天就病故了，史称七日关白。

继承人是他的弟弟藤原道长。

总之一句话，关白姓了藤原。

再说那藤原道长坐大之后，便开始了长达二十多年的专政，而他的儿子藤原赖通，15岁就当上了正三位右近卫少将，30岁出任关白，独掌乾坤到76岁，实在是老了老了玩不动了，才辞去了一切职务顺便在延久四年（1072年）时以81岁高龄出家，然后一直活到了83岁才驾鹤西去与世长辞。

道长赖通父子俩一前一后总共八十来年的摄关政治，使得日本皇权从此名存实亡，而且他们不仅操控中央，就连地方也不放过，在那八十多年里头，许多国司的任命也全都出自他们爷俩之手。

底下的国司有了藤原家为后台，更是肆无忌惮起来，纷纷各自建造港口，直接和当时的宋朝展开贸易，而宋朝那边本来就不禁私贸，更何况中国商人也闹不清摄关政治地方政治，反正看见日本来的商船就一手交钱一手交货地做买卖，久而久之，天皇的中央朝廷连钱都赚不到了。

对于藤原家的摄关政治，全日本的反应只有四个字：人神共愤。

首当其冲的是半仙皇家，那必然是不高兴的，为了抗衡藤原家，历代天皇采取的对策叫院政。

所谓院政，通俗来讲，就是拼爹。

藤原家之所以能掌权，很大原因是由于藤原家的女儿，基本上代代都嫁入皇宫当皇后，像藤原道长，三个女儿都是皇后，人称一家三后。然后皇后生下的皇子又能再当天皇，也就是说，藤原一族其实是天皇家的外公、舅舅或是老丈人。

要跟外公舅舅老丈人对抗，那最好的办法就是把爷爷叔叔和亲爹找来，枪对枪，棒对棒，亲爹对亲娘。

在摄关时代，当天皇活到二十多三十岁的时候，就会把位子传给尚且年幼的太子，而自己则出家做和尚，即为上皇，通称某某院，上皇上面还有法皇，就是天皇的爷爷，同样也是和尚——天皇打算通过这种办法来增加自己的战友人数，然后来压制藤原家的势力。

也就是说，摄关政治跟院政政治两者的本质，其实是天皇母系一族与父系一族之间的斗争。

不过从结果上来看，显然还是摄关政治更胜一筹，因为即便爷爷孙子齐上阵，可皇权依然只是个名分，藤原家还是牢牢地把持着一切。

于是这就让另外的一拨人愤怒了，那便是京都的其他贵族与地方的豪强们。

说这个话题之前我们先来重温一下日本的土地制度变革。

且说在当年菅原道真跟藤原时平这两位的改革后，日本土地的私有制算是被确立了下来，朝廷不仅承认土地可以私有，同时也规定一切新垦土地归开垦者所有，而拥有土地者则被称之为领主。

如此这般一来，造成的后果就是各地的领主如雨后春笋一般地冒了出来。

虽然这并不是什么好事。

开发了土地，就成了财主，你当了财主，那你的安全随之而来也就成了问题，毕竟这世道不是什么人都愿意靠自己本分的劳动来发财的。

那么，为了保护自己的家产和家人，就必须要有武器。有了武器还不够，因为你不能一个人拿九把刀，所以还得招募保镖，来保护自己的田园。

这保镖，在日语中被叫作"侍"，也就是武士，俗称打手。

可以说，武士最初出现的意义，是为了保护领主、土地以及农民。

而那些拥有相当武装力量的土豪领主们，包括很多国司在内，其实也能算是某种意义上的武士，不过为了跟普通看家护院的武士加以区分，一般我们称之为武将。

或许很多人会问，这跟藤原家的摄关政治有什么关系？

有关系，当然有关系。

因为土地私有制的深入，从而导致了武士的出现，而武士的出现，则很大程度上改变了当时日本的政治格局，那便是中央政权的名存实亡。

这其实是一个很容易理解的事情，中央为了掌管地方，而派了国司，国司在代替朝廷管理那非常有限的土地的同时，又通过开垦的手段获得了大量的私有领地，而且还招募了大批给自己看家护院的私人武装力量，他们自己也从原先的钦派地方官转变成了手握雄兵的武将，这样一来，朝廷在地方还有何权力可言？也别管摄关政治还是院政政治了，中央的一切政令在地方都可以说是狗屁，只有武将，才是真正的统治者。

这种因土地私有而导致的权力分散，既是一种进步的象征，也是动乱的根源。

当然，动乱那是后话了，现在要说的是，因为武将的出现，使得天皇想要搞掉藤原家不再需要单纯地拼爹了，他们还可以拉拢武士来做自己的战友，毕竟枪杆子才是硬道理——老子用不着跟你玩步步惊心的宫斗，递牙者掰之，老子直接揍死你丫的。

那么藤原家是否也能通过地方势力来扩大自己的阵营从而加强摄关政治呢？

理论上是可以的，但实际上很难。

原因有二：第一，在日本，天皇是拜出来的，是神，除了极个别的疯子比如平将门，没有人会想到以人类的身份来挑战皇权；第二，这年头谁都不比谁笨，大爷我有土地有士兵，凭什么还要给你藤原家当枪使？

就这样，武士崛起了。

或者说地主崛起了。

在崛起的过程中，有两大氏族脱颖而出：一家平氏，一家源氏。

虽然看起来很势单力薄只有区区两族，但实际上全然不是你想象的那样。事实上截至平安时代后期，这两家光是直接用平源名号的分流就有好几十上百的，还不包括改姓其他的支流，同时不仅在京城举足轻重，而且还遍布了日本各地。

永治元年（1141年），时任的崇德天皇在自己父亲鸟羽上皇的操控下，心不甘情不愿地颁诏宣布退位，将皇位让给了自己同父异母的亲弟弟体仁

第十章 藤原氏

亲王。

哥哥传位给弟弟,这在日本皇家是常有的事情,本无可厚非,在讲究院政政治的平安时代,往往还会多做一道手续,那就是上一代天皇先收自己的弟弟为养子,任命其为皇太子,然后再把皇位传予他,这样便能名正言顺地当上皇搞院政了。

可这一次却跟以往不同,那体仁亲王只是以"皇太弟"的身份继位,并没有拜他哥哥做干爹。

也就是说,崇德天皇退位之后,就是个离休老干部,每天吃香喝辣公园里打打太极,其他的事情跟他一切干系没有。

这当然是鸟羽上皇在背后一手操控的结果——虽然两人都是他的儿子,但当爹的却一直都偏爱弟弟。

只是这么一来,崇德天皇肯定就不乐意了,虽然当时的他势单力薄全然弄不过鸟羽上皇,但父子兄弟这双方之间的梁子,算是结下了。

再说那体仁亲王继位后,称近卫天皇。这孩子命不好,当天皇的那一年不过3岁,什么事儿都不懂,等好不容易长到十几岁青春期快懂事能干事的时候了吧,却死了。

久寿二年(1155年),近卫天皇因病重医治无效在京城去世,年仅17岁。

其实本来这也不算什么新鲜事儿,那年头日本医学水平差平均寿命又低,即便是在皇家,别说活不满20岁,就是刚生下来连太阳都还没来得及抬头看上一眼便立马夭折了的倒霉孩子也是大有人在。只不过近卫天皇这一驾崩,很多事情就都不好办了,比如下一任天皇该谁来当就成了大问题。

时任左大臣藤原赖长认为应该请崇德天皇重登皇位,或者让他的儿子重仁亲王来登九五。但鸟羽上皇不肯——那是当然的,一旦崇德天皇卷土重来,那么当初把他从皇位上给踹下去的自己还能有个好?

于是鸟羽上皇又一次地一手遮天了一回,将自己的第四皇子雅仁亲王扶上了龙椅,称后白河天皇,而他自己,则晋升为鸟羽法皇。

至于上皇的位置,也实在不好意思空着,便给了盼得眼珠子都快冒绿光的崇德天皇,算是表表安慰——反正上面跟下面都是自己掌控着,给你个夹层也无妨。

这事儿表面上看起来似乎是就此尘埃落定了，但暗地里崇德上皇的死忠脑残粉藤原赖长却并不愿就此罢休。

藤原赖长，是一个已经不能用奇葩这种词汇来形容的神人。

他出身万人之上的藤原北家，虽说并非嫡出，但因为自幼才华横溢智商爆表，故而深得父亲藤原忠实的喜爱。再加上藤原家嫡长子藤原忠通一直都生不出儿子，因此在天治二年（1125年）的时候，由老爹安排，让赖长做了哥哥忠通的养子，正式成了藤原北家的继承人。

那一年，哥哥28岁，弟弟5岁。

只能讲，人为黑箱操作的因素太明显了。

于是藤原赖长就这么集千百万宠爱于一身地成长了起来。

话说在政治方面，藤原赖长属于典型的君子报仇十年不晚的主儿，而且心狠手辣并腹黑至极，要么不出手，一出手必定血溅四方，人送外号恶左府。

可以说两个段子让你体会一下。

曾经在平安京里，有人打死了一名朝廷命官，因为是酒后失手，所以也没砍头，关在大牢里准备让他把牢底坐穿，结果没两年，朝廷大赦，哥们儿给放了出来，又能再见天日了。

这种事情本质上也不算什么事儿，打人的其实是个小老百姓，名不见经传，而被打的也不是什么大人物，本来大赦了也就翻篇儿了。

结果万万没想到藤原赖长不知从何处知道了此事的来龙去脉，当时就拍了桌子："不成，此人断不能放。"

理由是老百姓杀了朝廷命官若也能全身而退，那朝廷威望何在？颜面何存？

虽然这话是挺有道理让人无言以对，但手下仍是提醒说，大人，都大赦了，能怎么办？

藤原赖长一咬牙，迸出四个字："替天行道！"

当晚，叫了自己的护卫兼贴身随从秦公春，摸到那犯人家，把人给暗杀了。

万万人之上的左大臣，亲自组织暗杀，对象只是一个老百姓，这在日本史上，堪称绝无仅有。

对百姓如此，对朝廷命官，藤原赖长依然如此。

他有个政敌，叫藤原家成，官居正二位中纳言，大小也是个高官，结果就因为在朝堂之上跟赖长多吵了几句，赖长气从心来，下了朝后，让家丁们拎着锤子去了一趟藤原家成的家，直接把人房子给砸了。

嗯，没错，仍是秦公春带的队。

这种事情吧，我估计山贼都未必能干得出来。

不过饶他藤原赖长再手黑，却也不敢操家伙去砸皇宫，对于法皇的决定，赖长只能是缩头忍耐装孙子，等到雨停云散见太阳。

别说，那一天还真的很快就到来了。

第十一章　平清盛

· 镇西八郎

保元元年七月二日（1156年7月20日），鸟羽法皇驾崩，享年53岁。

消息传来，崇德上皇跟藤原赖长高兴坏了，尤其是后者，觉得成大事的时候到了。

上皇和赖长联合了源氏的源为义，平氏的平忠正，以及其他源平两家的武士们，厉兵秣马准备叫板中央。

源为义是源氏支流河内源氏的族长，而平忠正则是平家分支伊势平氏的当家人，这两位都是手握雄兵的豪强，所以都还没等正式开工，藤原赖长就已经自信满满地跟崇德上皇讨论起下一届天皇的候选人了，经过一番扯淡之后，两人一致认为，上皇的第一皇子重仁亲王，很有皇上范儿。

不得不说这两人真心太过天真了。

他们的对手，是后白河天皇——这位天皇绝非一般人，这家伙特别会来事儿，唯一的人生乐趣就是来回折腾，所以后世人送外号日本第一大天狗——天狗在日本神话中便是作乱添堵的代名词。

后白河知道崇德上皇心里在想什么，几乎就在藤原赖长跟源为义平忠正串联的同时，他也拉拢了三个人：一个是时任关白藤原忠通，一个是源义朝，还有一个是平清盛。

藤原忠通是藤原赖长的亲哥哥，源义朝是源为义的儿子，平清盛则是平忠正的侄子，这后面两位之所以一个反了亲爹一个离了老叔，明面上是一个忠字，为了效忠天皇而大义灭亲，但实际上谁都说不准了，兴许就是想借此机会各自灭了家中父老，然后自己来掌控整个家族。

当年7月，拉完了帮手的双方开始集结兵力，在京都搞起了南北对峙。虽说当时崇德上皇在人数方面略占优势，但真要硬碰硬起来也未必有十成的胜算，故而只是按兵不动。

10日，或许是觉得这么大眼瞪小眼地再瞪下去粮食就该吃光了，于是崇德军内部召开了高级将领军事会议，商讨下一步对策。

会议由藤原赖长主持，由于这人这辈子就没玩过打仗也不懂军事，因此他提出来的方案仍是静如处子地继续对峙。

但立刻就遭到了反对："我认为，我们应该主动出击。"

说这话的人，叫源为朝。

源为朝，源为义第八子，身高据说超过2米，乃是当时日本罕见的巨汉，且左手比右手要长四寸，故而使得一手硬弓，射出去的箭又狠又准，自幼便随父亲为义在九州岛上东征西讨，从讨伐山贼土匪到射杀妖魔鬼怪基本上啥事儿都干过，不过20出头便立下了赫赫战功，人送外号镇西八郎，在那年头属于传说级别的强者。

源为朝认为，后白河军的指挥官必然是他的弟弟源义朝，而义朝若是当上了主将，那么必然会主动发起进攻，既然如此，那还不如化被动为主动，由己方先行一步，趁夜偷袭，打他个措手不及。

可藤原赖长不同意，哥们儿总觉得打仗就得跟砸人房子是一个模样，光明正大地操家伙夯上去才够刺激。

因为赖长是崇德军的总指挥，所以源为朝也没辙，只得服从命令。

结果在11日凌晨，正在睡觉的崇德军突然听到自家大营门外喊杀声震天，原来是源为朝的担心成了真：那源义朝和平清盛分别各自带了三百骑和两百骑摸黑前来劫营。由于很多人尚在睡梦之中，因此都没来得及反抗，便被当场打死在了被窝里头。

就在崇德军摸黑挨打一片混乱的当儿，突然一个高大的黑影骑着马就窜了出去，只见他弯弓搭箭一抬手便是好几发，发发命中，箭箭杀人，把冲在最前面的那几个后白河军的将领全都给射下了马来，然后又大喝一声："我乃源家八郎！是好汉的就跟我来！"

崇德军的众人此时大多已经清醒了过来，一看赫赫有名的镇西八郎在打头阵，当下便精神抖擞抄起家伙发出了一声喊跟了上去。

而后白河军一看镇西八郎来了，顿时心生畏惧，虽说在劫营的时候占了不少便宜，但这会儿却也不免脚底打颤，不由得往后退去。

劫营的五百骑中，当先锋的是平清盛，他见源为朝来得凶，便决定避其锋芒，下令后撤，打算把这建功立业的机会让给兄弟部队，也就是后面的源义朝。

没多久，义朝，为朝兄弟两个便在战场上见了面。

兄弟见面，不管在啥场合，招呼至少是该打一声的。

先是源义朝一声怒喝："你这不遵天皇旨意的乱臣，现在又想对着自己的亲哥哥放箭了吗!？"

然后源为朝也不甘示弱："你这目无上皇的贼子，现如今打算和自己的亲生父亲为敌吗!？"

后者说完，抬手便是一箭，源义朝猛地将头一低，箭从头盔穿甲而过，射在了他身后的一棵树上。

义朝受了一吓，已经无心再战，只得命令军队暂时撤退，稍作休整等自己缓过神来再说。

然而，虽说有源为朝奋力作战，平清盛和源义朝的五百骑兵数度被其击退，可因崇德军的兵种终究以步兵为主，机动力和攻击力都远远无法和敌军相比拟，所以在恶战四小时之后，还是被打败，藤原赖长身受重伤，在逃跑的途中因伤势过重而亡，其他的主要将领源为义源为朝父子、平忠正以及崇德上皇本人都被生擒活捉，当了俘虏。

战后，崇德上皇被发配到四国幽禁，那年头四国的情况大家都懂的，送去那里等于是坐牢；而源为义、平忠正则都被判了死刑，叉出去伸头一刀。

至于那位源为朝，按常理来讲本该也是跟他爹一个下场的，可临了临了这后白河天皇突然就动了恻隐之心："镇西八郎乃是当世名将，若是死在我们手上，那恐怕是要被后人指责的，算了，留他一命吧。"

就这样，源为朝死罪可免但却活罪难逃，被流放去了伊豆大岛。

伊豆大岛是伊豆诸岛中面积最大的一块，故而得名。

伊豆列岛在今天算是日本著名的旅游胜地，风景宜人，大文豪川端康成还以此为舞台写过名著《伊豆的舞女》，几十年来经久不衰，被人们奉为日本文学史上的经典。

不过在当年那地方的概念基本就和之前说的四国没两样，都是不毛之地，一年到头连庄稼都种不出多少，除了用于流放犯人之外再无其他用途。

当年8月26日，源为朝坐着小船一艘前往了伊豆大岛，那会儿的他可谓是相当狼狈，不仅身份是一介囚犯，就连他向来引以为豪的能吃饭能拿刀的右手也因在之前的战争中受了伤，连普通的软弓都已经拉不开了。

然而名将毕竟是名将，抵达伊豆大岛之后，源为朝还是受到了无上的礼遇。大岛的地方官叫三郎大夫忠重，此人久闻镇西八郎大名，不仅好吃好喝地供着，不久之后居然还将自己的女儿许配给源为朝，就这样，为朝从阶下囚摇身一变成了干部家属，日子就越发好过了起来。

这种悠闲的岁月一过就是好几年，在这几年里，源为朝受伤的右手经过细心调理也逐渐得以恢复，又能重新弯弓飞箭射大雕了，日子一长，他便开始觉得射大雕已然没了意思，还是射人比较好。

永万元年（1165年），源为朝突然找到自己的岳父三郎大夫忠重，表示从此往后伊豆大岛应该独立，也就不必再给上头缴纳年贡了。

年贡就是日本农民每年需要缴纳给政府的地租，一般是先缴纳给自己所在的小区，再由小区上传给街道，接着街道再给区，就这么层层往上送一直送到中央。

伊豆大岛的上级单位是伊豆国，也就是整个伊豆列岛，管辖列岛的官员叫工藤茂光，是个比较厉害的角色，所以对于自己女婿的要求，三郎大夫忠重顿感为难万分，因为他既不想得罪工藤茂光，同时也不敢跟这位孔武有力连妖怪都打得死的女婿过不去。两难之下，他想出了一个折中的办法，那就是表面上答应源为朝，从此不再向上头缴纳年贡，可背地里却还是偷偷地把该给的那一份给工藤茂光送过去。

结果这事儿不知怎么的就被源为朝给知道了，他顿感很没面子，盛怒之下他冲到自家老岳父跟前将其一顿拳打脚踢，然后还拔出刀砍下了三郎大夫忠重的三根手指以泄心头之愤。

这一年夏天，源为朝听说在伊豆大岛附近有一个叫芦岛的小岛上，住着一群特殊的人，他们因为身材高大生性勇猛，所以人称"大男"，据传这伙子人都是上古时代盘踞在伊豆诸岛的鬼怪所留下的后裔。于是他立刻坐船登上芦岛，结识了好几个大男为同伴，随后带着他们回到伊豆大岛，并以此为据点，宣布起事。

短短数日，源为朝和他的大男小队便占了伊豆列岛中的七座小岛——其实这事儿也不算太难，要知道当年日本本来就人少，这穷乡僻壤的伊豆列岛更是人烟罕见，有的地方纯属不毛之地，也就别提人了，连毛都没有，坐个船靠岸登陆留一个脚印就算是占领了。

或许是伊豆在当时真的是实在太过于地处乡下了，从永万元年（1165年）开始搞分裂的源为朝一连闹腾了好几年，连占数座无人岛外加抢了好几十艘渔船都没人来搭理他，直到嘉应二年（1170年）的时候，因为实在是搞得怨声载道了，伊豆列岛的地方长官工藤茂光才不得不上奏朝廷，说是源为朝造反，请拨大军征讨。

虽说当年是赫赫有名的镇西八郎，但毕竟事隔数十年，再加之这哥们儿常年蹲在荒郊野外身边也没几个人，所以纵然是已经成了上皇的后白河听说源为朝造反的消息之后，也没在多大意，只是很轻描淡写地派了一支总人数不过三四百的小部队前去镇压，并亲自任命工藤茂光为大将。

这支部队分成战船20艘向源为朝的大本营伊豆大岛开去，而另一边，源为朝望着这海面上的几十艘战船，再看看身边的那几个大男，这才明白了一件事儿：此仗断无胜算。绝望之余，他打算自尽，以免落入敌军手中受辱。

这一年的4月6日，源为朝先是将自己年仅9岁的独子源为赖一刀刺死，接着准备自己也跟着一起去，但转念一想，觉得自己一世英名现如今面对敌军就这么一声不吭地畏罪自杀，实在有些没面子，再怎么说至少也得放一箭吧。

抱着这样的想法，源为朝独自一人来到海边，弯弓搭箭朝着讨伐军舰队中的一艘船上尽力射去，箭正中帆绳，绳断帆落，眼瞅着就动不了了。

射完之后，源为朝转身回屋，准备自杀。

手下某大男很给力，一见主子回来连忙迎了上去，手里还拿着一根绳子——当时日本最常用的自杀手段是上吊。

源为朝接过绳子，往自己脖子上比画了一阵，然后又寻思了半天，最终又将其放了下来："吊死后的模样太难看，有失尊严，我不用这个。"

于是手下很关切地问那您用什么，我现在就去拿。

"不必麻烦了，就用刀吧。"源为朝一边说着，一边将腰间的刀给拔了出来。

接着，他解开了衣服，露出腹部，用刀对准了自己的肚子，深深地吸了一口气，然后猛地一刺，再一划，顿时血液四溅。

源为朝倒在地上，不过并未马上蹬腿，而是在血泊中痛苦了整整两三个小时才因失血过多而亡。

在他垂死的那段时间里，讨伐军非常出人意料地没有攻上岛来，而是在那天快夜里的时分才上了岸，并且由一个叫加藤景廉的人帮他收了尸。

之所以来得那么慢，那是有原因的。

且说之前源为朝射断人帆绳的那一箭，虽说没有射伤船上的任何一个人，却把大伙着实给吓得不轻。众士兵们一看镇西八郎居然亲自出马而且还有如此身手，纷纷倍感恐慌，这一恐慌就开始纷乱了起来，这船上的人一乱，船自然也就左右摇晃了起来，或许是那年头造船技术不高明，再加上又吹来了一股大风，于是这船就这么翻了。

其余十多艘船上的人虽说不知道究竟发生了什么，但当他们看到源为朝一箭射翻了一艘船的时候，顿时吓得谁也不敢再动了，就连大将工藤茂光也被惊得不轻，当即下令暂停前进，生怕对方再弄出什么来伤了自己。

直到晚上，工藤茂光他们连等了数小时都不见源为朝有下文，这才命令船队偷偷前行，摸上了岛去，此时岛上除了源为朝和源为赖这两具尸体外，其余的跟随者都已经四下逃散了。

这应该是日本有史记载的第一次正儿八经的切腹自杀。

·武士的崛起

话再说回保元那年。

后白河天皇和崇德上皇的这次乱斗，史称保元之乱。

这次动乱产生了一个足以影响到整个日本历史进程的巨大变革，那就是长期以来一直默默地以地主老财身份活跃在地方靠练兵收租子过活的武士阶级，从此正式登上了中央的舞台，有了直接过问甚至参与核心政权事务的权力，而且因为他们人多势众且能征善战的缘故，所以在势头上甚至一下子就压倒了原本风光无限的摄关藤原家。

这听起来似乎不错，但却也让后白河天皇本能地顿生了一种警觉。

就在保元之乱结束的当年，天皇颁布了一道新的法令，总共35条，称保元新制。

保元新制的头条前言就一句话：九州之地一人之有也，王命之外，何施私威。

九州指的是日本，因为当年中国把全国分为九个州，以九州指代全国，日本人一听觉得怪威风的，于是就直接拿来用了。

这话的意思是说，全日本都是天皇一人所有，除了皇家之外，谁也不许私自造次。

而在后面的三十多条里，其实用一句话就能概括了，那就是从即刻起，谁也不许再私自开垦新的田地庄园了，一经发现，立刻法办。

应该讲，后白河天皇确实不枉大天狗之名，在武士阶级崛起的同时就一眼看出了他们日后将对皇权所造成的威胁，于是这才制定了这套很明显就是用来针对武士阶层的新制度。

但是效果却很不好。

原因很简单，因为武士手里有兵，你跟这种操着明晃晃大刀片子的人说皇权说制度，那等于是招砍。想要压制住他们，唯一的办法就是自己手里也有兵。

但我们前面说过，日本的皇帝是拜神拜出来的，历来的天皇手里就算有兵，可会用兵的就没几个，真要比对砍，那绝对不是职业打手出身的武士的对手。

所以在制定新制度的同时，后白河天皇还想了另外一招，叫以侍制侍，就是用武士来挟制武士。

保元三年（1158年），天皇将皇位传给了自己的第一皇子守仁亲王，也就是二条天皇，他自己则称后白河上皇，退居二线，搞幕后操控。

同年，作为平乱有功之臣，平清盛被封为大宰大贰，主管九州事务。

因为还兼着其他京官职位的缘故，所以他也不用渡海赴任，只需留守京都，遥控指挥。

掌控了大宰府的平清盛应该讲是非常上心的，除了日常管理之外，还利用那里得天独厚的地理优势搞起了和宋朝之间的贸易往来。当时北宋已经没了，历史迎来了偏安江南的南宋，时任皇帝高宗赵构是个非常重视对外贸易的人，曾经有过"广南市舶，利入甚厚"之言，在他治世的末期，对外贸易的收入曾一度达到了国家财政总收入的15%。

摊上了这么一位大爷，恰好总管着日本国家贸易机构鸿胪馆的平清盛自然就因地制宜地赚了个盆满钵满，这又当官又发财的，让全列岛都眼红不已。

其中有个特别眼红的，叫源义朝。

这也难怪，想当年保元之乱，源义朝跟平清盛一样，都是后白河帐下的大将，而且论地位，他是总指挥；论功劳，夜袭之计是他定的，不管论什么，源义朝都在平清盛之上，可偏偏到了论功行赏的时候，他只被封了个左马头。

左马头，顾名思义就是给皇家掌管天下马匹的，民间俗称……弼马温。

不过话说回来这官儿倒也不算特别小，至少不是未入流，好歹也是正五位上，而且又是京官，一般人还是比较难混上的。

可源义朝却压根就没有谢主隆恩的意思，相反还特别不爽。

辛辛苦苦跟自己亲爹亲兄弟寻死觅活地打仗，结果只给了个弼马温，而且还和平清盛差距那么大，这能让人不冒火嘛。

其实这正是后白河上皇的谋略，对于因战功而崛起的源平两家，如果不想让他们闹腾自己的话,那当然就得想办法让他们互相闹腾,而要想让两拨人彼此折腾的话,那最好的办法莫过于以不公平的待遇,挑起彼此间的嫌隙。

正所谓二桃杀三士,差不多就是这个原理。

按照后白河的计划,是先提拔平清盛,让源义朝不满,接下来再提拔源义朝,让平清盛不爽,如此一来两人必然会各种钩心斗角然后永不停息,那么自己则正好稳坐钓鱼台坐收渔翁之利。

只可惜计划不如变化快,那源义朝是个性情中人,在碰到这种不公平待遇之后,第一个想到的,是造反。

因为这是一个苦大仇深的悲催孩子,撇开平清盛不谈,光是对后白河上皇,哥们儿也是一肚子的怨念。

且说保元之乱后,立下大功的源义朝曾经主动向天皇提出,自己可以不要丰厚的奖赏,只求放过父亲源为义跟弟弟源为朝,并且还声称,只要能饶过那两人的性命,那么自己保证,从此以后不会让他们参与任何家族事务,就把他们当路人甲宋兵乙看待。

这倒是实话,源义朝跟随后白河天皇的一大原因就是想自己掌控河内源氏,所以必然不会给他爹翻身的机会。

但天皇却并没搭理他,不仅没放过源为义,而且也没有给源义朝"丰厚的奖赏"。

这就当然会让人火大了。

话再说回那位二条天皇,这孩子继位的时候不过才15岁,尽管很多人会想当然地认为此时的国家大权通通都被他爹后白河上皇掌握在手里,但事实却也不尽如此。

二条天皇有个养母,叫藤原得子,也称美福门院,如果真要仔细算的话,其实后者还是前者的奶奶。

虽然辈分挺高,但年纪倒也不大,那会儿不过四十才出头,要打扮得年轻些还勉强能叫她一声大姐。

美福门院当年是鸟羽天皇的宠妃,如果要问宠到什么程度,那么我可以告诉你,在鸟羽天皇临终之前,把他名下所有的财产和庄园土地,都给了那个女人。

这笔遗产折合现在多少人民币日元美金无人知晓，但可以肯定的是，在二条天皇继位的时候，全日本最有钱的主儿，多半就是这位美福门院欧巴桑①了。

正所谓经济地位决定政治地位，巨大的财富和地产以及藤原家的华贵出身使得美福门院一跃成为了足以跟后白河上皇抗衡的政治大腕，尤其是在二条天皇还不能完全自主人事儿的时候，这个欧巴桑的存在就更显得可怕了。

更要命的是，美福门院跟后白河上皇的关系并不怎样，确切地讲，是她非常不喜欢上皇身边的一个叫信西的宠臣。

信西是平安时代末期日本著名的学者兼僧侣，俗名藤原通宪。他们家从他太爷爷藤原实范起就代代都是有名的文化人，而他之所以跟后白河走得近乎，当然不是因为有文化，而是他有个老婆叫藤原朝子，是后白河的乳娘。

保元之乱之后，本来朝中的很多大臣都希望能饶平忠正跟源为义两人一条性命，但唯独信西和尚竭力主张将他们处死，这个方案很得后白河天皇的认可，于是踏着这二位的尸体，信西的政治地位也就又上了一层楼。

平清盛是个城府很深的人，对此并没说什么，默默地就接受了现实；可源义朝却忍不了，满世界嚷嚷说要把那秃驴给做了。

而在保元新制那会儿，还是这个信西，不仅亲自参与了制度条文的起草，还提出了无数条相当实用的建设性意见，像我们之前说的中央不再认可私自垦田什么的，全都是他的创意。

这样的人，也就理所当然地成为了大众仇人。

不过这和美福门院没关系，她一女流之辈，得的都是老公的遗产，不掺和源平之争也不打算开垦私田，管他信西要杀谁要定什么法，无所谓。

可结果是你没去惹他他却来招你。

·非平不人

却说后白河天皇要传位当上皇的那年，无论是他本人的意愿还是美福门

---

①欧巴桑源自日语，指年纪比较大的女性。

院的期望，这守仁亲王都是不二的人选，可偏偏在这时候，信西突然就跑出来，表示亲王年幼，不适合在目前这种情况下继承大统，还请陛下无论如何考虑再三，千万不要犯错。

尽管这事儿到最后仍是让二条天皇顺利登了位，了了美福门院的心事，可信西的阻拦却让她相当不痛快。

更加过分的是，在干涉立储失败之后，那信西居然还很没脸没皮地向后白河上皇推荐了自己的一个儿子，安排他当上了二条天皇的近臣，其用意其实还是相当忠肝热胆的——通过自己的手，更好地让上皇掌控天皇。

只是这么一来美福门院对信西就不仅仅是不痛快了，而是变成了痛恨，并且很快就恨屋及乌地连带上了后白河上皇。

就在这个时候，有人给欧巴桑出了个主意，说是干脆就让二条天皇尽快亲政吧。

此时15岁的二条天皇说是天皇，可因为年幼所以并未亲政，因为并未亲政所以大权都被他爹后白河攥手里头，如果天皇亲政了，那么至少皇权可以分出一部分来，落到他奶奶美福门院的手中。

就这样，以美福门院为首的力主天皇亲政派成立了。他们游走于朝堂之上，通过各种串联壮大自己的声势，打算逼后白河上皇让步，使天皇亲政。

上皇当然不会让步，他也见招拆招地组成了院政派，拉了一伙人对抗亲政派，旨在不交出大权并且维持现状。

为了壮大声势，后白河上皇还提拔了不少地方官员，其中有一个叫藤原信赖的，就特别受器重。哥们儿原本只是武藏国（埼玉县和东京都）的军政长官，然后在保元二年（1157年）时被上皇召入京城，担任右近卫府的中将，半年之后，兼任藏人头，第二年春夏交际时又被升至正三位参议，到了那一年的8月，这人已然是正三位中纳言了。

这种坐着火箭往上蹿的人哪朝哪代都不少见，而且一般都挺遭人恨的，比如藤原信赖在当上中纳言不久，就被信西和尚给恨上了。

原因是藤原信赖在当了中纳言之后犹嫌不足，跟上皇说希望能把近卫大将这个官职也封给自己，上皇还没来得及开口，信西就闻讯而来，力陈理由十七八条，总之一句话，信赖这人不堪大用，决不能把直接负责皇家安危的近卫府大权交给他。

此事造成的直接后果除了藤原信赖没能当上官之外，就是信西差不多把当时全日本的权贵们都给得罪了。

首先是美福门院，欧巴桑富婆日子过得好好的没招谁没惹谁，想让孙子当个天皇结果被信西莫名其妙地出来阻拦了一把。

其次是藤原信赖，正是春风得意的时候，突然来了个拦路虎，其心中的愤恨可想而知。

最后是源义朝，他跟信西可谓是新仇旧恨不共戴天，旧恨前面说了，信西等于是杀害他爹的凶手；至于新仇，那和藤原信赖有关。其实源义朝跟信赖关系向来不错，信赖在升官之后也一直挺关照朋友，原本两人打算在信赖当上近卫大将之后一起携手大展一番宏图的，结果却全被信西给搅和了，能不恨他嘛。

也就是说，无论院政派还是亲政派，大家想弄死信西的目标都是一致的。

唯有一人与众不同，那就是平清盛。

从后白河新政、二条天皇继位这一连串事端伊始，平清盛就在那里处观望状态，八面玲珑地谁都不得罪，既时常跟信西往来，也没落下藤原信赖，甚至还把女儿嫁给了信西的儿子，反正谁都不知道他到底站在哪一边。

平治元年（1159年）12月，平清盛离开平安京前往纪州（和歌山县）熊野的神社参拜，祈祷明年能有好事发生。

他正在那儿鞠躬磕头着呢，突然就有一个家丁慌慌张张地跑跟前来报告，说源义朝反了。

话说在得知平清盛离京的消息之后，源义朝认为现在整个王城之内有实力的武将只剩他一个了，正是变天的大好时机，于是便找来了藤原信赖要跟他合伙，说是事成之后共享富贵。

藤原信赖一听说富贵二字当时就来劲儿了，也不管源义朝接下来说了些什么，只把那头点得跟什么似的，举着双手表示算自己一个。

当然，正所谓当婊子也得立牌坊，明面上是肯定不能说自己要变天的，所以在12月9日，源义朝跟藤原信赖等人打着肃清奸臣信西的大旗，夜袭后白河上皇的居所三条殿，没费多大功夫，顷刻间就活捉了（官方说法叫控制）上皇，占领了宫殿。

接着，在源义朝的指挥下，源家军先是一把火烧了三条，然后直冲御所，还是打着活捉信西肃清奸臣的旗号，把二条天皇给逮了。

至此，源义朝的目的已经很明确了，他就是想玩一手挟天子以令诸侯。

当然，杀父大仇还是要报的。

且说兵变当夜，信西就收到了风声，于是连夜出逃，一路向西，想去熊野找平清盛来着，只可惜秀才到底是跑不过兵，天还没亮就被源义朝派出的追兵发现了踪迹。于是信西想出了一招，让随从挖了个坑，把自己埋了进去，上面盖一块挖了洞的板子加一层薄土，然后插上一根粗竹筒出气。要说这招还挺管用，抓他的人愣是找了三四天才发现了那个竹筒，而自知已经走投无路的信西也在木板被揭开的前几分钟挥刀自尽了。

另一方面，当平清盛接到京都大乱的消息已经差不多是12月15日了，此时源义朝在软禁了天皇和上皇之后，当真和藤原信赖共享富贵了起来，尤其是后者，9号晚上一夜未眠，10号天才蒙蒙亮，就心急火燎地以天皇的名义发圣旨一道，封了自己当近卫府大将，总算是了却了一个心愿。

而源义朝倒是没那么大脑缺氧，他给自己只是讨了个播磨（兵库县南部）守的位子，然后大赏群臣，但凡跟着造反的，基本人人都有官做或是有赏钱拿。

这种只求新人笑不闻旧人哭的行为惹恼了很多留在京都虽然没有直接参与造反但长期以来一直都是坚定的反信西派权贵，他们觉得源义朝太不仗义，这么快就把自己给忘了。

对此，时任太政大臣的藤原伊通如此碎碎念道："如果杀人杀得多也能当官的话，那干脆给三条殿的水井也封个一官半职吧。"

这是因为在当夜袭击三条殿时，那里的很多宫女以为发生了惊天巨变，纷纷绝望地投井自杀。

平安京内人心的微妙变化，让原本都做好准备去九州打持久战的平清盛改变了主意，他先是以最快的速度回到了京都，然后向藤原信赖递上了名帖。

名帖就是上面写着自己姓名、官位等资料的帖子，在平安时代的日本，贵族A把自己的名帖递交给贵族B，就意味着A向B表示臣服之意。

尽管源义朝心生警惕，觉得平清盛不是个那么容易就服软称臣的主儿，但藤原信赖却是满怀欣喜地就此把对方当成了自己人，不仅宴请了自己的亲家，还一脸热情地问清盛你想要啥官，尽管开口。

平清盛表面上是连连摆手称自己无尺寸之功不敢受甚官位，只求效忠于藤原近卫大将，但背地里却安排人手开始做起了营救天皇和上皇的准备。

25日半夜，趁着藤原信赖放松了警惕的当儿，在平清盛的指挥下，后白河上皇穿着女装，坐上了一辆平日里供宫中女官所用的牛车，悄悄地逃离了软禁之地，进入了京都六波罗的平家宅邸。

26日凌晨，二条天皇穿着同样款式的衣服，坐着同样款式的车子，也逃出生天去了六波罗。

接着，以美福门院为首的其他被拘禁的皇亲贵胄们，也纷纷在平家家臣士兵的引导下，逃到了平家府邸。

当天上午，看着人差不多都到齐了之后，二条天皇颁布诏书，称藤原信赖和源义朝犯上作乱，要求天下共讨之。

一夜之间，形势逆转，刚刚还凌驾于全日本之上的哥俩顿时成了反贼。

源义朝痛骂藤原信赖，说他是日本第一不觉之人，翻译成现代文就是日本第一傻蛋。

还没等骂过瘾，手下来报，说平清盛的大军到了。

当时源义朝手底下只有八百身负反贼名号且军心涣散的士兵，但平清盛则带了浩浩荡荡三千人马，并且士气高涨。

所以当天在京都三条河原双方就分出了胜负——源军溃败，大将义朝在手下家臣拼死护卫下才只身突围，勉强保住了一条性命。

不过这条命到底也是没能长久。29日，逃到尾张（爱知县）的源义朝投靠了素来和自己交好的当地土豪山田一族，但却被早就有了异心的对方一举拿下然后一刀戳死，接着，山田家的人又连夜将源义朝的首级送往京都平清盛处。

几乎就在同时，兵败被俘的藤原信赖也被以谋杀重臣、袭击三条殿为名，拉出去斩首示众。

这两人的死，标志着这场史称平治之乱的事件画上了句号。

同时也标志着武士阶级终于站到了顶端。

遥想当年保元之乱，武士不过还只是中央权贵们用来争权夺利的道具，属于被利用的一方，可仅仅过去了三四年，到了平治之乱的时候，无论是源家还是平家，都华丽丽地摇身一变成为了直接争夺中央权力的一方，而那些曾经高不可攀的王公贵胄们，此时却不得不黯然落为了武士们用来挟持牵制对方的工具。

究其原因，还得是那句千古名言：枪杆子里头出政权。

源义朝死后，平清盛再一次地飞黄腾达了起来——因为全日本只剩下他和他的平家军最能打了。而这位老兄的官位也以基本上每年升一品的速度往上蹿。仁安二年（1167年），已经成为日本实际统治者的平清盛出任了从一位太政大臣，虽然3个月后他便辞职并宣布出家隐居，称"入道相国"，但全国军政大权仍是被握在了他的手里。

不仅如此，因为平清盛的发迹，使得整个平氏一族也盛极一时，据不完全统计，仅是京都三条地带，就住着平家出身的大小官员170余户。当时平家官员出行都要清道，不仅不允许人阻挡去路，还要保持一条街安静整齐，即便有婴儿啼哭，都要问责基层官吏。

对此曾有人非常不满地反问说，小孩哭闹乃是人类天性，你平家再厉害再不讲理，可总也得让人活吧？

被质问的叫平时忠，倒也实诚，大大咧咧地回道："这年头，只有平家的人才是人（非平不人）。"

嚣张到这个程度，肯定就要遭人忌恨了，但平清盛却并不在乎，因为他手里有刀。

事实上自从平治之乱后，平清盛就明白了这世间唯有刀枪才是真理，对于反对声，他采取的方法是清一色地铁血镇压，不光镇压和自己地位接近的朝堂政敌，就连老百姓也不放过，这家伙专门组织了一批穿戴华丽的少年在京都街头游走（民间恨称秃童），只要听到有人暗地里攻击平家，就立刻逮回去法办。

第十一章　平清盛

祇园精舍钟声响，诉说世事本无常；沙罗双树花失色，盛者必衰如沧桑。

和所有盛极一时的政权一样，由平清盛一手缔造的平氏政权，终究也没能天长地久。

治承三年（1179年），一直为平清盛所器重的嫡子平重盛英年早逝，年仅42岁。

本来这就已经够让人悲痛的了，结果后白河法皇偏偏很不是时候地将重盛的全部领地都收归了国有——是的，因为长宽二年（1164年）二条天皇之子六条天皇继位，所以此时的大天狗已经晋升为法皇了。

而六条天皇在安元二年（1176年）的时候因病驾崩，取而代之的是后白河的第七皇子高仓天皇，不过因为法皇之上也没爷爷法皇之类的称号，所以他还是法皇。

于是平清盛一下子就愤怒了，或者说疯狂了。当年11月，他发动政变，先罢免了朝堂贵族39人，接着又直接软禁了后白河法皇，接着又废除了高仓天皇，再立他的儿子，自己的外孙言仁亲王为帝，称安德天皇。

如此一来，全日本都炸锅了，本来大家都恨平清盛恨得牙根疼，现在这家伙又干了这等大逆不道的勾当，一下子群起激愤，众人撸起袖子就要准备造反了。

借着这股风，后白河法皇的第三皇子以仁亲王趁机代表全体皇族，发布了对平氏政权的讨伐令，一时间一呼百应，东瀛各地但凡手里有刀的武将也好土豪也罢，都拉帮结伙跃跃欲试了起来。

日本史上第一场武士VS武士的争夺天下大决斗，就要拉开帷幕了。

第十二章　源赖朝

· **一个囚犯的自我修养**

治承四年（1180年），一个33岁的年轻人，宣布自己和当时日本的实权统治者平家政权正式开战，之后，他率领了一支军队，从利根川左岸的国府台（千叶县内）出发，向对岸的武藏野发起了进攻。

此人就是后来日本幕府制度以及武士时代的开创者，源赖朝。

源赖朝，源义朝的三子。说起来也挺那个的，他们家跟平清盛也算是三代血仇了，所以在平治之乱源义朝身亡之后，平清盛曾经动过斩草除根的念头，所以源赖朝的两个哥哥源义平跟源朝长都死于平家之手，本来这家伙也照例难逃一死，只是没想到平清盛刀都要举起来的时候，有人出来挡了驾。

那人叫池禅尼，是个老太太，同时也是平忠盛的正房大老婆。

平清盛生母不详，其实连亲爹都不详，有说法甚至认为他是白河天皇（没有后字）的私生子，但不管怎么说，对于没了娘又死了爹的清盛而言，池禅尼至少也算是个继母的存在。

池禅尼不让杀源赖朝的理由据说是因为源赖朝长得很像她一个早死的儿子平家盛。

古人比较有信仰，相信轮回转世，而且平清盛素来为人孝顺，更何况当时的源赖朝不过十三四岁，放过他就跟放过一条狗似的，所以平清盛便听了池禅尼的话，没有下杀手，而是把源赖朝流放去了伊豆。

第十二章　源赖朝

伊豆我们说过了，当年的不毛之地，可不管怎么样，活着总比死了强。

为了防止源赖朝春风吹又生，平清盛特地安排了两位当地的豪族随时负责监视动向，他们分别叫伊东佑亲和北条时政。

同时，平清盛还责令严禁任何无关人士和源赖朝接触、交谈、来往。

也就是说，从踏上伊豆的那个时刻起，源赖朝的交际圈子里就只有伊东佑亲和北条时政，以及他们的家人。

这是为了预防他和他叔叔镇西八郎一样虎落平阳了却依然贼心不死。

但终究还是百密一疏了。

在日本有一句老话，叫藤原的婆姨源家的汉，就是说藤原家多美女，源家多帅哥。

虽然源赖朝并非他们家那几个儿子里最帅的，但也出落得玉树临风相貌堂堂，所以很快这家伙就跟伊东佑亲和北条时政的女儿们勾搭上了。

首先是伊东家的女儿八重姬。当时佑亲本人正好出差在京都，而源赖朝装傻充愣地还是借着汇报改造情况跟组织交流思想为名往他家里跑，而八重姬也正值青春，一来二去之后，两人就好上了，等三年后伊东佑亲自京城而回的时候，原先的小两口都已经进化成三口之家了。

勃然大怒的佑亲连想都没有多想就让人把年仅两岁多的外孙千鹤御前给杀了，接着又强行把女儿嫁给了伊豆的豪族江间小四郎。

其实这也是无奈之举，因为如果让平清盛知道了身负监视人犯之责的伊东佑亲非但没好好监视，还叫对方搞大了自己女儿的肚子，那么这对于整个伊东家而言，无疑将是一场灾难。

所以在杀孙嫁女之后，意犹未尽的伊东佑亲甚至还一度准备将源赖朝一块儿给抹了，以至于后者不得不逃进了北条时政家，以避杀身之祸。

结果也不知道是该说果然如此好呢还是说没想到好呢，反正避风头之余，源赖朝又跟北条家的女儿政子凑成了一对。

和伊东佑亲所不同的是，北条时政并没有产生任何过激情绪，而是非常淡定地约了源赖朝到自己家来谈谈。

·机智的老丈人

双方坐定之后，时政开门见山，先问了源赖朝一个全世界亲爹都会问的问题：你喜欢我闺女吗？真喜欢还是玩玩的？

源赖朝点头说我是真喜欢。

北条时政也点了点头，说那你就娶了她吧。

源赖朝愣住了，半天说不出话来。

北条时政见状呵呵一笑，问道你是不是在琢磨为什么我会对你那么好？

源赖朝老老实实地承认了，说别人看到我就像看到瘟神，躲还来不及，北条大人却为何要把女儿嫁于我这样的一个流放犯？

时政并未正面回答，而是反问道："你觉得，平氏政权会一直这么下去吗？"

源赖朝又是一愣，但却没敢出声，他知道自己目前的身份是劳改犯，怕万一说得偏差了被判个阶级报复罪上加罪然后直接人头落地。

时政似乎看出了对方的顾虑，又笑了笑，但面容正经："其实平氏一家所靠的，无非是入道相国一人罢了，一旦此人要离开了人世，那整个平家顷刻间就会成为众矢之的，我今天之所以敢把女儿嫁给你，就是算准了平家不会长久，而你也终有出头的那一天。"

治承二年（1178年），源赖朝大婚，娶北条政子为正房大老婆。

果不其然，那平清盛都还没死，天下就乱了起来。

于是源赖朝也趁势跟了一把风，他联络了自己父亲源义朝当年的部下以及一族的郎党，组成了一支军队，浩浩荡荡地往西面杀将了过去。

值得一提的是，源赖朝自国府台出发头一个攻打的那武藏野，是一个叫江户的地方的一部分。

江户就是今天的东京。

所谓江户，在日语中就是江河入海口的意思。

之所以得名，是因为那里入海口太多。

比如全日本流域面积最大，人称坂东太郎的利根川，其入海口就在那里；再比如只是在武藏野一带流来流去的平川，也是自那儿入海的。

平川就是现在的日本桥川和神田川。

前面刚刚讲过，源赖朝是日本武士时代的开创者，那么攻打江户，也就自然成了日本迈向武士时代的第一步。

再说那在武藏野迎战源赖朝的，是被誉为"坂东八国的大福长者，智勇兼备的平家栋梁"的江户重长。

他们江户家本是秩父氏的一支，只因领地被封在了江户，也就因地改姓了。

虽然名号很响，但江户重长却没能打赢源赖朝，不仅没打赢，还因为对方所折服，从而投降了源家军。

10月6日，源氏大军进入镰仓，因为那地方以前是源义朝的据点，所以源赖朝也跟随父辈的脚印，将其定为自己的大本营。

10月18日，奉命前来专门围剿源赖朝的平氏大将，平清盛嫡孙平维盛率五万大军杀到，因当日天色已晚，所以双方隔着富士川的东西两岸各自扎寨，准备等明天再杀个痛快。

第二天一早，源赖朝率军列队，做好了开打的准备，由于考虑到自己在人数方面比较吃亏，因此只是严阵以待，并无主动出击的打算。

结果愣是从早上等到了中午，对岸却是一点动静都没有。

源赖朝实在忍不住，便命人渡河前去侦察。

没过多久侦察兵就回来了，报告说闹鬼了，平家营地里什么都在，武器粮食一样不少，可就是人都没了。

一开始源赖朝还不敢信，可一连派过去三五拨人，人人都这么说，以至于他也不得不信，可又想不明白到底为什么，于是便亲自带兵来到了对岸。

一看，还真是，偌大的平家营地里帐篷扎得好好的，武器也堆得整整齐齐，唯独没有一个人影。

后来才知道，这五万大军多是临时拉来的壮丁，而且粮草不济完全没有打仗的心思。当天夜里正好富士川河面上一群水鸟扑腾飞过，众壮丁们以为是源家军趁夜色劫营来了，顿时军心大乱，也不知道是谁带头发一声喊说赶紧逃吧，然后就呼啦啦地展开了胜利大逃亡，一直逃到天亮，包括主帅平维盛在内的五万人没一个留下的。

富士川一战，或者说富士川一逃，使得平氏政权开始发生了动摇，而正当源赖朝意气风发地准备指挥大军继续向西，忽然传令兵进帐报告，说有故人求见。

当时大家只以为是当地土豪前来投靠，可是没承想当源赖朝见到那人之后，却差点连眼泪都掉了下来。

那个人叫源义经，是他的弟弟。

·美少年登场

说起源赖朝消灭平氏政权的奋战史，那么源义经就是一个不得不提的人物。

出身高贵却并非纨绔子弟，剑术高超却心怀柔善，饱读兵书但从不纸上谈兵，每每打仗向来战无不胜攻无不克，相貌华美优雅，妻子也是万里挑一的美女，可以说哪怕是现在的言情小说男主角都无法达到的程度，在八百多年前的日本却愣是有人做到了，那便是源义经。

然而，就是这么一个拥有完美人生的高富帅，却在刚刚三十出头的时候便被迫杀妻灭子然后自焚而亡，更让人扼腕的是，居然还是被自己亲哥哥给逼的，这不得不让人感叹花开花落，人世无常。

源义经幼名牛若丸，生于平治元年（1159年），是源义朝的第八子。因为他爹造反的缘故，本来这孩子也要受牵连的，但幸而他妈常盘御前长得漂亮，系不世出的超级大美女，所以平清盛便对其频频暗示，声称只要愿意嫁给自己做小，什么株连九族父债子还的都是浮云，不但你和孩子能活下来，而且还能过得很滋润。

为了孩子，常盘御前忍辱答应，从此嫁入平家做妾，而牛若丸也得以活了下来，并且还被送去了京都的鞍马寺学习文化和兵法。

在寺里，他碰上了传说中的妖怪乌鸦天狗。天狗大人先教会了牛若丸一套堪比独孤九剑的超级剑术，接着又将传说中的兵法教授于他。

那兵法正是当年吉备真备的《虎之卷》。

16岁那年，已然是文武双全美少年的牛若丸带着几个心腹家臣逃出了京都，来到了奥州（日本东北部）投靠镇守府将军藤原秀衡。

藤原秀衡是当时奥州藤原氏的当家，奥州这地方自古就是盛产黄金和骏马，可谓是又有钱又能打，因此尽管表面服从中央朝廷，以藤原家东北办事处自居，但实际上却是一个独立的小王国，尤其是这藤原秀衡，连中央派来的国司都直接一脚踹出门去，然后表示自己麾下骑兵十七万，谁来了都不服。

然后那会儿么也正赶上乱，源平两家在那里互相拔份儿，于是朝廷也就懒得去管，只是由着他闹腾了。

再说那牛若丸在去奥州的路上，途经热田神宫，遇见前大宫司藤原季范，而藤原季范正是父亲源义朝正室由良御前的生父。

季范对牛若丸表示说，你已经16了，不小了，而且现在又是准备去讨伐平氏，趁着那么多亲朋好友都在场，就在这里元服吧。

所谓元服就是搞成人仪式，在日本只有元服过后，才算是成年人。

随后，牛若丸改名源九郎义经，简称源义经，昵称义经。

很多人看了九郎二字之后便以为他是源义朝的第九子，其实并非如此。之所以叫九郎，纯粹是因为义经有个著名的叔叔叫源为朝，就是前面刚提的那位镇西八郎，因他曾和义经的父亲源义朝兄弟反目刀兵相见，所以为了避讳，才没敢叫八郎。

·朝日将军

治承四年（1180年），源赖朝起兵，这个我们前面说过，而远在奥州的源义经在收到风声之后，便和藤原秀衡商量一番，然后决定兴兵助阵。当年，他率领家臣武藏坊弁庆、伊势三郎及藤原家臣佐藤继信、忠信兄弟等共300余骑，日夜兼程前往驰援。此时正值富士川之战刚刚结束，虽然壮志踌躇的源义经没能捞到仗打，不过失散多年的兄弟终于能够见面，也是一件很不错的事情。据说源赖朝看着当年只是襁褓中的小婴儿如今已然成了英姿勃发的帅气武士，再想想那死得早的亲爹，不由悲喜交加，热泪盈眶。

养和元年（1181年）2月末，连日来为各地反军群起而焦躁不已的平清盛染上热病倒下了，这一下去就再也没起来，当年3月20日，在留下将家国大事交由儿子宗盛负责的遗言之后，便与世长辞，享年64岁。

富士川战败以及平清盛的故去让平家威望尽失并开始崩溃，一些其他的源家人也不约而同地揭竿而起，高树倒平大旗，其中就包括了源赖朝的堂兄弟木曾义仲，他的军队倒是相当能打，没多久就如破竹一般杀入平安京，将平家从首都给赶了出去。只是由于木曾义仲的父亲源义贤在当年与源赖朝父亲源义朝的政治斗争中，为源义朝长子源义平所杀，所以两家人尽管是亲戚却也等于是有杀父之仇，故而关系并不友善。

说起木曾义仲，那真的是一朵百年一遇的三俗奇葩。

喜欢看日本历史剧的同学肯定不会对这样的场景陌生，那就是无论该剧的时代背景是战国时代还是江户时代，总会有一个穿戴华丽的公家指着一个一身戎装或是一身整齐的武士说道："哼，你这乡下来的武士！"

诚然，出自地方庄园的武士和久居京都的公卿一比，至少在家世方面确实逊色了不少，但如果真要深究一下，到底是哪位老兄给广大京城贵胄们留下了结结实实的"乡巴佬"印象同时还连累了后人，那我想，八成就是那木曾义仲。

话说这家伙在攻入京城之后，先是自封朝日将军，然后大摆筵席准备请客吃饭以安抚人心。

众公卿虽知是来者不善，但再怎么说那请客的人现在也是手握雄兵说一不二的大佬，更何况有的吃终归是件好事，于是大伙就这么穿戴整齐一路小跑地赴宴去了。

木曾义仲客气倒是挺客气，一身打扮人模狗样，而且还见人就哈腰，说我们都是大老粗，你们是文化人云云，等到大伙都坐定了之后，便吩咐开饭。

是的，他说的是开饭。

公卿们一开始以为这是地方方言，也没在意，再加上连日来兵荒马乱的，大家已经很久都没能吃上口好的了，总想着这次木曾义仲请客，没有鱼翅也有鲍鱼，谁还管你说什么呢，不料希望越大失望也越大，满心期待的众人在东西端上来之后，立马一个个地看傻了眼。

摆在他们面前的，是一碗上面盖着菜的米饭，民间俗称盖浇饭，分量倒是挺足，人手一碗个个都有且不说，碗里的菜也是堆得高高的都快要满出来了，相当实在。

盖浇饭这种东西也不是说不好吃，只是档次比较低，尤其是在那个饭是饭、菜是菜的讲究年代，像这种饭菜不分的吃法是根本上不了台面的。

偏偏木曾义仲在地方时间待长了所以不觉得，总认为这是天下第一的美味，还面带微笑地示意客人们赶紧动筷子尝尝味道。

这顿饭吃完，木曾义仲在朝中的形象也差不多被毁干净了。

不过这人自我感觉相当之好，总觉得自己是大英雄，没几天还很人五人六地跑到宫里去要个官儿做。

后白河法皇当然不敢不给他，可又不愿意给他大官，琢磨来琢磨去，便封了义仲一个左马头。

左马头就是弼马温，源义朝当年就是因为做了这个官儿才要大闹天宫的，但木曾义仲没闹，他跟源义朝最大的区别就在于他没文化，还觉得这官儿挺不错，于是哥们儿就跟那刚上了天庭的孙猴子一般特别嘚瑟，整日里就人五人六地到处招摇闲逛。

木曾义仲在京城里的日子过得挺滋润，不过他带来的那几万人士兵可就没那么爽了。因为军粮短缺，所以大伙好久都吃不上一顿饱饭，三日两头来闹饷，无奈之下，木曾义仲下令说让各部自行解决，别再来烦了。

当兵打仗的一不能经商二不会种地，你让他们自己解决那就只有靠抢了。

那几天京都周边被木曾家的人给闹得鸡飞狗跳，原本请吃盖浇饭的木曾义仲尽管在公卿中间口碑不怎样，但好歹也算是捞着了个平民将军的帽子，老百姓提起他评价还算凑合，可现如今他劫掠京师，算是自毁招牌，一夜间民心尽失。

之后，义仲甚至还打算干涉下代天皇人选，于是便更遭人恨了。

趁着这个当儿，平家开始发起了反击，而朝廷的后白河法皇也在治承七年（1183年）下了密诏，要求源赖朝尽快上京讨伐木曾家。

收到勤王密令的源赖朝派遣源范赖及源义经统率5万大军征讨木曾义仲。第二年1月，元宵节灯花都没看，众叛亲离的木曾义仲就被源义经他们找上了门来，在宇治川之战中寡不敌众而逃往北陆，途中于近江（滋贺县）粟津遇袭阵亡。至此，源赖朝势力成为天下讨平的唯一主力。

同年，源义经又在一之谷击溃平家主力，并且擒获了大量平氏宗族，从此以后，平家人一蹶不振，再也没了跟源氏一族抗衡的实力。

一之谷之战后，源义经班师回京，比起之前的那位大老粗木曾义仲，由于义经从小就在京都生活，对于宫廷的礼仪非常精通，再加上天生丽质难自弃，所以各种场合都能应对得非常得体，一下子就在公卿中间有了极高的人气。

看着战功不断积累和个人影响逐渐增大的源义经，大天狗后白河法皇眼珠一转计上心来，又琢磨出了一招折腾的方案。

第十三章　源义经

· 兄弟反目

元历元年（1184年），后白河法皇以法皇的名义下了一道诏书，任命源义经为左卫门少尉兼检非违使，俗称判官，这也就是为什么源义经也被叫作九郎判官的缘故。

源义经并没有多想，当场就高高兴兴地谢恩领旨了。

消息一传出，源赖朝大怒，因为义经虽说是他的弟弟，可怎么说两人也是君臣关系，你身为人臣，身为武士，就应该效忠于自己的直属主公，怎可以逾越跨级接受他人的封官呢？这在当时属于不折不扣的不忠行径。

这正是后白河大天狗想要的效果——他就是要折腾到天下臣子都兄弟不和夫妻反目，最好是大家白天和和气气上朝，晚上砸锅敲碗打架，反正是下面越乱，他的位子才能坐得越稳。

不过话说回来，那源赖朝虽然不爽，但再光火也没辙，毕竟平家虽说已经折损大半，可还依然在那里喘气，若是斩草不除根的话，指不定哪天春风一吹就又生了。所以源赖朝果断决定，先解决源平两家之间的敌我矛盾，再来慢慢和义经算这笔账。

元历元年（1184年）秋，忌惮源义经的源赖朝只派了源范赖前去征讨平家，结果源范赖的作战意图被敌方看破，后路被断粮草被劫，窝在那里动弹不得。无奈之下，源赖朝唯有命令源义经前去救援。双方在屋岛（香川县内）展开了水战，战斗中弓矢齐飞。平氏军中号称第一射手的平教经向源义经放了一记冷箭，义经四天王之一的佐藤继信策马奔前以身挡箭，强箭穿甲，当场将其射杀。

哭过之后的源义经就暴发了，下令全军强攻。双方死磕了一整天后，平氏终于抵挡不住，再加之收到了源家援军很快要来的情报，所以不得已撤出了阵地。至此，濑户内海落入了源家手中，而平氏，从此陷入了山穷水尽的局面。

元历二年（1185年）3月下旬，源赖朝下令对平家发起最后的总攻，双方在关门海峡的坛之浦开战，源义经下令召集所有弓箭手射杀对方的舵手和水手。以至于平家军纵然有坚船利炮却也只能是水里的乌龟。

开打不过半日，平家就几乎全军覆没，平氏诸将纷纷跳海自尽，当主平宗盛及其妻儿也被义经活捉，并准备送入源家的大本营镰仓。

至此，平氏政权宣告覆灭。

话说到这里，你其实也应该差不多发现了，虽然起兵的总大将是源赖朝没错，但真正实地带兵打仗的，基本都是源义经。

事实上源赖朝也发现了，所以当押解俘虏的队伍行至镰仓不远处，赖朝来了一封亲笔信，信上说，只需将平家战俘送进城里就行，至于义经，现在就能自由活动了，不必进城。

对于这种猜忌，义经当下就写了一封信过去，表示自己刚生出来就惨遭平家迫害，忐忐忑忑地活在世上，却始终不敢忘却家仇，幸得今日老天开眼，灭了平家，欢欣雀跃还来不及呢，怎么可能还有其他非分之想？请哥哥无论如何也要相信我一次，我是绝对没有二心的。

源赖朝很淡定地表示自己不信。

于是源义经一气之下，当场就来了句："关东积怨之辈可从义经！"

就是说但凡心怀不满的，就跟我来。

这其实是一句气话，但源赖朝却怀着宁可杀错也不可放过的心态当了真了。当年10月，一个叫土佐坊昌俊的人率领六十余骑突袭堀川御所。源义经提刀应战，双方一阵互殴之后，昌俊兵败被俘，之后不等大刑伺候便招供出了幕后主使：源赖朝。

同时他还表示，更多的军队还在后头呢。

事已至此，源义经只能走上绝路了。当晚，他带着六十多人从京都出走，一路上尝尽疾苦隐姓埋名，还因路途艰辛不得不把一怀孕的小老婆给丢在了半道儿上以减轻负担，跋山涉水好几个月，终于在文治三年（1187年）2月到达了奥州藤原秀衡处，准备以此为基地，不求东山再起，只求苟且偷生。

被抛下的那小老婆，叫静御前。

这两位是日本古往今来人尽皆知的金童玉女，最终因为乱世而没有走到最后，引来了无数文艺青年的唏嘘感慨。

后来有个漫画家画了一部全世界人民都知道的漫画，里面女主角的名字便是取自于源义经和静御前。

她叫源静香。

·弁庆与义经

所谓"跋山涉水好几个月"，自然不是一句话那么简单的事儿。

话说源义经跑路没多久，源赖朝就收到了情报，同时也立刻猜到了弟弟会往东北走，于是便在各处关隘设下路卡，以便围捕。

为了不被人在中途截杀，源义经一伙人纷纷自行剃度冒充和尚，然后自称是云游四方为重建寺院而化缘。就是用了这个办法，让他们畅通无阻，一路上居然也没人怀疑过。

但是，靠坑蒙拐骗过日子终究是不能长的，一帮人在位于今天石川县小松市的安宅关终于没能顺利蒙混过关，被人给拦住了。关口的守将叫富樫左卫门，他当年跟源义经打过照面，虽说没怎么太记着脸，但依稀还是有些印象，当下他就把这群假和尚的队伍给拦下了，然后走到了义经的面前，问道："你是九郎判官吧？"

源义经说阿弥陀佛施主你找错人了，贫僧法号某某，不是你要找的九郎。

富樫左卫门越看觉得越像，便又问道："你们是干吗的？"

"我们是云游化缘的出家人。"

正当左卫门要接着问，突然和尚队伍里冒出了个五大三粗的家伙，他照着义经的后脑勺就是一巴掌拍下去，将其打翻在地，然后举起手里的僧棍照着他身上就是三五下，一边打一边骂："你这没大没小的狗奴才，老子还没说话，哪轮得到你开口？"

左卫门一愣："你是他的……"

"我是这帮人的头儿。"那人说道。

左卫门一脸疑惑："你们既是出家人，在自己寺里好好待着便是，为何要云游四方化缘？"

"大人可知前不久京都的东大寺被烧了的事情吗？我们正是为此而化缘。"

东大寺的确是刚被烧过，所以左卫门点了点头，又问："那既是化缘，可有收获？"

那位自称是头儿的人立刻从包裹里摸出了一本本子："这就是化缘簿，京都的某香客，捐款黄金三百两，播磨的某长老，捐款黄金一百两，近江的某大师……"

看着他如此流利地报着名字和捐款数量，富樫左卫门终于不再怀疑，挥手表示你们可以过了，同时还鞠躬行礼表示耽误了大师们的时间实在不好意思。尽管他怎么也没想到，这人拿出来的那本本子其实是源义经平时练字用的，那些个名字，也是他临时编出来的。

等到了安全的地方，那位拿练习册蒙人的哥们儿扑通一声给源义经跪下了，请求责罚。

因为他只是义经的家臣，家臣拿棍子打主君，这是很大的罪过。

对此，源义经只是轻轻地摇了摇头，笑着说："你宁可顶着不忠的罪名也要救自家主君，这才是真正的忠臣。"

这位家臣的名字，叫作武藏坊弁庆。

这世界上有一种东西叫阶级立场，有的人便被称之为大人，有的人只能自称草民。而将这一上下阶级对立关系表现到极致的，便是君臣关系。

对于君臣之间的关系，中国人自古便有许多诸如"君要臣死臣不得不死""伴君如伴虎"这样的老话来形容，事实上在一衣带水的日本也是如此，

第十三章 源义经

历史上武士忠君侍主的故事被讲了一代又一代，而严格奉公，绝不逾越，也成了衡量一个武士是否合格的重要标准之一，有名的像为君报仇坦然赴死的赤穗四十七浪人，还有远日无怨近日无仇，皇上蹬腿了他也人为地跟着一起去了的乃木希典等。

不过要是说起这千千万万的君臣关系中，最经典的，最为人所称道的，恐怕当属义经和弁庆了吧。

弁庆是一个很传奇的人物，据说他的生母是某大纳言的女儿，怀孕三年（一说18个月）才将其生下，结果一出生他爹就虎躯一震，因为这孩子长发齐肩，牙齿俱全还是黑色的，一副相当惊悚的模样。

本来这样的孩子是该被丢在山沟里喂狼的，可是他的叔母念在上天有好生之德，愣是从自己大哥的手里把这孩子给夺了过来，亲手抚养，并取名鬼若（这名字倒是挺实在）。

大概在十来岁的时候，鬼若去了比叡山修行。本来是想混俩月就在那里定居做和尚的，怎料他行为过于暴力，隔三岔五地就把自己的师兄给抓来狠揍一顿，所以引起了山中寺院长老们的高度不满，也别说留他出家了，连寺庙都不给他待了，没几个星期就将其赶下山去并勒令其永世不得再来。

本着此处不留爷自有留爷处的想法，鬼若很从容地走下了比叡山，接着又本着自己动手丰衣足食的指导思想，自己给自己剃了度，然后自称比叡山高僧武藏坊弁庆，从此招摇过市，行走全国。

不过他暴力的本性却是一点儿没变，在播磨国（兵库县）的圆教寺里头，因和住持和尚一言不合，弁庆便手执薙刀狂舞一番，伤人无数之后意犹未尽，还当堂放了一把火，这才大摇大摆地离开。好在抢救及时才未酿成惨祸。这寺庙今天还在，战国名将本多忠胜的骨灰就埋在那里。

游窜全国数年之后，弁庆最终来到了京都，然后又玩出了新花样——刀狩，即抢人刀。

话说京都的五条大桥周边非常繁华，每天人来人往不计其数，就算是深夜也照样会有不少人通过，其中不乏腰间挂着精美刀具的达官显贵，弁庆便打算在此地守株待兔，只要看到有人佩戴着比较合他胃口的刀，那就上去邀请对方比武。

比武是好听的说法，其实就是上前砍人，砍赢了扒装备。

也不知道是京都人太不经打还是弁庆真的武艺高强，三四年来居然让他夺取了999把刀，而他的名字和外貌，也就成了当时京都人心中永远的噩梦，原本车水马龙的五条大桥，现在就算是大白天也看不到几个人。或许是一连数日都没有收获闲得无聊，弁庆便放出话来，说只要再抢到一把，凑足一千，自己就从此功成身退，换个别的活儿干干，比如，抢999朵玫瑰花。

消息一出，在京武士人人你推我我推你，都希望能够出一个赶上前去送死的哥们儿，让他打一顿给他一把刀，从此天下太平大家安生。可推来推去，怎么也推不出一个肯出头的人，因为大家不光爱刀，还想要命。

就在这时候，有一个人勇敢地站了出来，表示愿意去五条大桥走一遭，为民除害。他就是年仅11岁的牛若丸。

此时的牛若丸已经得乌鸦天狗的真传，算得上是一名用剑的好手兼轻功高手，一直听说五条大桥有抢刀贼出没，年少无畏的他自然就想去试试身手。

数日后的一天深夜，牛若丸腰挎金刀，身披羽衣，吹着笛子走上了五条大桥。

可是别说人了，连个鬼他都没看到。

牛若丸心生怀疑：莫非这两天没生意那强盗回家过年去了？

就在这么想的时候，猛然感到背脊凉风嗖嗖，斜眼看去，一个巨大的身影出现在了身后，紧接着，一道寒光袭来。

牛若丸纵身一跳，上了栏杆，动作基本和著名动漫里的柯南一样。

立定之后，他定睛一看，来人头包白布，脚踏木屐，手上一柄薙刀，刀尖在月光下放着寒光，口里称道："你来和我比武吧！"

牛若丸知道这正是自己要找的强盗，却也不拔刀，而是继续开始吹起了他的笛子。

弁庆一看以为是在羞辱他，又气又急地挥起薙刀就是一下子，可牛若丸却镇定自若地又是一跳，轻松躲过了对方的攻击，而口中的笛乐未停一秒——别说是停了，就连曲调的变化都没有丝毫。

弁庆明白，碰上了高手，于是他也静下心来，气运丹田，然后大吼一声，朝着对方扑了过去。

这回依然没砍着，而且曲子也没断。

最终，弁庆再也砍不动了，一屁股坐在地上气喘吁吁，此时的牛若丸不紧不慢地放下了手中的笛子，微微一笑："你输了。"

弁庆表示自己技不如人甘拜下风，这条性命，你要就拿去吧。

"我不要你的命。如果阁下愿意，能从此做我的随行吗？"

弁庆当即拜倒在地，口称主公。

·武士的时代

再说源义经抵达奥州之后，源赖朝立刻向藤原家发出了要求，要藤原秀衡即刻交出反贼源义经。

其实要弟弟还只是其一，更主要的是其二——借此消灭奥州藤原氏，一举拿下东北。

藤原秀衡很明白源赖朝的用意，他更明白的是这其中的利害——只要战神源义经在奥州一天，然后配合上著名的奥州骑兵集团，那么源赖朝就算能通天，也打不过来。相反，如果在这个时候把义经给卖了，那么奥州反而会因折损一大战力而陷入危险的境地。

所以老爷子很强硬地拒绝了。

这会儿源赖朝正在思考人生以及酝酿一个非常伟大的计划，所以也没工夫管那么多，就这样，源义经总算是有了个落脚的地儿，开始安下心来过日子了。

然而，天有不测风云，长年来一直把源义经当亲生儿子罩着的藤原衡秀在这一年的10月因病医治无效，离开了人世。在死前，他叮嘱自己的三个儿子藤原泰衡、国衡和忠衡一定不能向镰仓幕府妥协，不仅不能抛弃源义经，还得把他当主子来供奉。

看着儿子们含着眼泪点头答应，藤原衡秀便很放心地撒手人寰了。

然而，事情的发展并没有如衡秀想的那样，他死后半年不到，文治四年（1188年）2月，后白河法皇派遣钦差前往平泉传达征讨源义经的旨意。虽然藤原一族非常坚决地抗旨不遵，但由于参谋藤原基成（藤原泰衡的外公）为公卿贵族之后，素与朝中公卿相善，因此朝廷方面仍有不少公卿庇护藤原氏。

10月12日，源赖朝一看软的不行便来了一手硬的，遣使警告藤原一族若不征讨源义经则将获罪株连，而且源氏方面亦已准备自行发兵伐罪。

文治五年（1189年）2月，在源赖朝的授意下，后白河法皇下旨免除了一批藤原氏族亲的官位，并且向奥州藤原家下达了最后通牒：若是不跟随镰仓幕府一起铲除源义经，那么从即刻起你们便是朝敌国贼，全天下共讨的对象。

已经被各种压力折磨得快要得抑郁症了的藤原家当主藤原泰衡为了挽救逐渐陷入孤立无援的藤原一族，终于决定讨伐源义经。

闰四月三十日清晨，泰衡命家臣长崎太郎率五百骑兵突袭驻居高馆（又称衣川馆）的源义经。源义经家臣们发现后迅速迎战：武藏坊弁庆、伊势三郎、增尾十郎、片冈八郎、铃木三郎、龟井六郎、鹫尾三郎、备前平四郎等几人固守玄关大门，喜三太爬上屋顶，以窗板为盾，拉弓搭箭狙杀敌军。源义经则以战死于藤原泰衡的家臣手下为耻，不愿出战，独自进入佛堂中诵经，做自尽前的准备。源义经的家臣们为了保护主君能平静赴死，抱着必死的觉悟，舍命决战，各自斩杀多人后壮烈战死或自刃。

其中，尤以武藏坊弁庆最为勇猛。

这人本来就能打，又不怕死，藤原军见他来得凶猛，也不敢再贸然上前寻死，只是躲开了远远地开始放起了箭。

面对蜂拥而来的利箭，弁庆不但没有躲，反而还挥舞着提刀迎面冲了上去，他一边挥刀拨开飞来之箭，一边继续朝着敌军奔去。

不过人的肉体终究是有极限的，在现实世界里是不存在什么一支梨花枪舞得震天响，哐当哐当把箭都给如数拨在地上的剧情，没走上几步，弁庆就已身中数箭，随之他的动作越来越慢，身上的箭也越来越多，最终，变成了一个刺猬人。

但是，他没有倒下，而是宛如护法金刚一般傲然挺立，嘴角似笑未笑，两眼直瞪前方，身躯不动如山。

第十三章 源义经

这是因为剧烈运动分泌大量乳酸，人死了，全身器官停止工作，无法将乳酸转化，蛋白消化酶也无法分泌，蛋白质无法消化，所以很容易凝固，即会快速僵硬。

但平安时代哪有人知道这个，看着弁庆这个样子，藤原军顿时吓傻了，谁也不知道他究竟死了还是没死，看着那副模样似乎应该还活着，但谁也不敢擅自行动，放箭的也不再拉弦，一来被震慑住了，二来对方身上已经浑身是箭，再射也无处可插了。

此时的战场上出现了这样的景象：几百个人盯着一具尸体，死死地瞪着就是不动手。

不过终究还是有个胆大的，他拍马舞刀朝着弁庆的尸体杀去，仅一回合，弁庆便倒在了地上——被马给撞的。

大伙这才明白，这家伙已经死了。

此时的源义经已经在屋子里念完了一卷佛经，平静地走入了卧室，先是在屋子里点了一把火，然后手刃妻子乡御前和女儿龟鹤御前，最后自己引刀自裁，年仅30岁。

因为源义经的一生过于悲壮，他的死简直如樱花壮烈凋谢一般，所以后世产生了这样的一种说法，说其实义经并没有死，而是从奥州成功突围，来到了北海道，再坐船一路西去，最后抵达了中国大陆，并且改名换姓东山再起，终于成就了一番大事业。

相信他的新名字你肯定听说过，叫成吉思汗。

对此我只能说是大千世界无奇不有，这世道既然有人把徐福说成神武天皇，那也必然会有人把源义经说成是成吉思汗，虽然后者的扯淡程度要远远超出前者。

讲道理，他成吉思汗要真长了一张源义经的脸，那还能是那样的死法死在西夏王妃的手里头吗？

源义经死后，奥州藤原氏也表示了愿意臣服于源赖朝，于是天下尽在手中的源赖朝便着手开始打造起了一个新的世道。

这个新世道就是以武士为核心统治国家。

其实早在元历二年（1185年），源赖朝就有了对新秩序新世界的初步构想,那会儿平家刚刚被打灭不久,而他则从天皇那里把任免诸国守护的权力搞到了手,也就是说全日本的土地分配,由源赖朝一人说了算。

尽管是如当年平清盛一般独掌了大权,但他却并不满足。

这或许跟早年被流放的经历有关,总之这家伙是个相当没安全感的人,总觉得虽然自己终于站在了顶峰,可如果光靠一人之力的话,兴许就会有那么一天跟盛极一时的平清盛一个下场,因此必须要确立一种制度,一种能够将武士或是说源家治世合法并长久化的制度。

所以也就是从这个时候起,源赖朝开始推行起了一种全新的治世模式,那就是将国家的统治模式分为简单的两部分:土地和武士。

自己管理天下的武士,天下的武士用刀枪来保护并统治天下的百姓,百姓在土地上生产,养育整个国家和民族。

其实不论什么时代的武士政权,其核心都是上面的这句话。

建久元年(1190年),源赖朝被朝廷任命为右近卫大将,因为既有兵权又有政权,所以他在镰仓的府邸被称之为幕府。

幕府两字源于中国,要解释的话,大致就等同于军政府。事实上这确实是个很贴切的词,因为源赖朝以武士之身干涉中央政权,本身就属军人干政。

建久三年(1192年),应源赖朝本人要求,天皇正式册封其为征夷大将军。

虽是老官职,但却和以往的大不相同,首先,源赖朝当的这个征夷大将军,不是临时任命的讨伐军总司令,而是幕府首脑,换言之,这个官名的重点在于大将军而非征夷。

其次,征夷大将军的职责除了统领全国武装力量之外,还拥有在镰仓设立政府,主管全日本政务的权力。说白了,此官的设立,彻底把日本的行政权和神权给分开了,从那之后,但凡人事儿只归将军管,至于天皇,虽然大家仍然认可他是神的代言人,可人间的事情,他却再也难以插手了。

自此时起,日本不再需要贵族那糜烂的风花雪月,也不再需要天皇的神神叨叨,只有武士,也唯有手握钢刀的武士,才是国家的主人。

一个新的时代,终于开始了。